DAOLU YUNSHU CHELIANG JISHU GUANLI GUIDING

YAODIAN JIEDA

道路运输车辆技术管理规定

要点解答

交通运输部公路科学研究院 编

人民交通出版社股份有限公司

北 京

内 容 提 要

本书通过问答形式，对《道路运输车辆技术管理规定》中相关问题进行了梳理和解答，内容包括基本情况、车辆技术条件、车辆使用的技术管理、监督检查、法律责任，并在附录中整理了与《道路运输车辆技术管理规定》实施相关的政策文件。

本书可作为交通运输主管部门、道路运输经营者等开展行业政策培训的辅助用书。

图书在版编目(CIP)数据

道路运输车辆技术管理规定要点解答/交通运输部公路科学研究院编. —北京：人民交通出版社股份有限公司，2023.7

ISBN 978-7-114-18837-4

Ⅰ.①道… Ⅱ.①交… Ⅲ.①道路车辆—技术管理—管理规程—中国—问题解答 Ⅳ.①U46-65

中国国家版本馆 CIP 数据核字(2023)第 107112 号

书　　名：道路运输车辆技术管理规定要点解答
著 作 者：交通运输部公路科学研究院
责任编辑：李　佳
责任校对：赵媛媛　魏佳宁
责任印制：张　凯
出版发行：人民交通出版社股份有限公司
地　　址：(100011)北京市朝阳区安定门外外馆斜街 3 号
网　　址：http://www.ccpcl.com.cn
销售电话：(010)85285857
总 经 销：人民交通出版社股份有限公司发行部
经　　销：各地新华书店
印　　刷：北京建宏印刷有限公司
开　　本：880×1230　1/32
印　　张：2.75
字　　数：62 千
版　　次：2023 年 7 月　第 1 版
印　　次：2025 年 7 月　第 3 次印刷
书　　号：ISBN 978-7-114-18837-4
定　　价：30.00 元

编 写 组

主　　编：刘富佳　陈潮洲

成　　员：杨小娟　魏显威　邬果昉

王　平　周　刚　罗文慧

前言
Preface

为加强道路运输车辆技术管理，保障道路运输车辆运行安全，1990年，交通部颁布了《汽车运输业车辆技术管理规定》（交通部令1990年第13号，以下简称13号部令）。随着道路运输行业的快速发展，2016年，为进一步厘清政府部门监管责任和企业主体责任，交通运输部根据道路运输车辆技术管理的新形势、新需求，在13号部令的基础上，整合《道路运输车辆维护管理规定》（交通部令2001年第4号），制定发布了《道路运输车辆技术管理规定》（交通运输部令2016年第1号）。2019年，为贯彻落实《国务院关于修改部分行政法规的决定》有关要求，结合修订的《中华人民共和国道路运输条例》，交通运输部重新发布了《道路运输车辆技术管理规定》（交通运输部令2019年第19号）。2022年，国务院印发了《国务院关于取消和调整一批罚款事项的决定》（国发〔2022〕15号，以下简称《决定》），为落实《决定》要求，交通运输部重新发布了《道路运输车辆技术管理规定》（交通运输部令2022年第29号）。

2023年，为进一步落实国务院深化“放管服”改革、优化道路运输营商环境、促进物流降本增效等改革部署，根据道路运输车辆技术管理自身需求变化，交通运输部重新发布了《道路运输车辆技术管理规定》（交通运输部令2023年第3号）。

为帮助各地交通运输主管部门和道路运输经营者等各有

关方面相关人员准确把握和理解道路运输车辆技术管理政策和要求，根据交通运输部有关营运车辆技术管理工作安排，交通运输部公路科学研究院编写了《道路运输车辆技术管理规定要点解答》，通过问答形式，对《道路运输车辆技术管理规定》中相关问题进行了梳理和解答，并在附录中整理了与《道路运输车辆技术管理规定》实施相关的政策文件。

本书在编写过程中，充分吸收了部分省（区、市）道路运输车辆技术管理部门的意见和建议，其间也得到了有关领导和专家的大力支持和帮助，在此表示真诚的感谢。

由于编者水平有限，书中难免有疏漏之处，敬请广大读者批评指正。

编写组

2023 年 5 月

目录 Contents

第一章　基本情况

第二章　车辆技术条件

第三章　车辆使用的技术管理

第四章 监督检查

Chapter 1

第一章　基本情况

1 《道路运输车辆技术管理规定》修订的主要背景是什么？

近年来，交通运输部积极采取措施，全面落实国务院有关道路运输行业“放管服”改革要求，根据《中华人民共和国安全生产法》和交通运输部职责推进实施经营性机动车营运安全技术标准，相关措施和制度需在《道路运输车辆技术管理规定》中进行体现落实，同时，在实施过程中也存在一些问题亟须修改完善，具体涉及以下几方面：

(1)按照国务院关于推进物流降本增效促进实体经济发展的部署要求，自2017年以来，交通运输部持续推进了道路货运车辆检验检测改革工作，为落实“三检合一”改革政策要求，需全面调整道路运输车辆检验检测和技术等级评定周期以及检验检测标准和技术等级评定依据等内容，固化道路货运车辆“三检合一”改革成果。

(2)落实国务院赋予交通运输部拟定经营性机动车营运安全标准的工作职责，进一步提升营运车辆安全性能，有效遏制和减少因车辆安全性能不足导致的道路运输事故。自2017年以来，交通运输部组织制定并发布实施了一系列经营性机动车营运安全技术标准，根据《中华人民共和国安全生产法》要求，要落实道路运输经营者的安全生产主体责任，推动落实道路运输车辆达标核查管理工作，完善道路运输车辆全链条技术管理工作。

(3)根据国务院办公厅关于统一实行交通运输执法、明确交通运输综合行政执法职能等有关通知要求，结合当前交通运输执法领域突出问题专项整治行动方案有关工作安排，需对部颁规章中缺少上位法依据、罚款规定不合理、罚则条款规定不全面的部分条款作进一步完善。

(4)《道路运输车辆技术管理规定》自 2016 年实施以来，基层执行单位和相关运输经营者对实施情况提出了反馈意见，需解决各地反映较为突出的问题，避免因此造成经营者和行业管理者执行困扰。

2 《道路运输车辆技术管理规定》修订遵循什么原则？

《道路运输车辆技术管理规定》的修订，严格遵守《中华人民共和国安全生产法》《中华人民共和国节约能源法》《中华人民共和国道路运输条例》等法律、行政法规规定，全面落实国务院深化“放管服”改革、促进物流降本增效等决策部署，进一步优化完善道路运输车辆技术管理制度，更好适应新形势下道路运输行业发展和管理需要，修订工作严格遵循以下原则：

一是坚持底线思维。牢固树立安全发展理念，对标道路运输行业发展新形势、新要求，健全完善道路运输车辆技术管理制度体系，从严把关新进入道路运输市场车辆的安全性能，加强在用车辆使用管理和事后监管，确保运输车辆运行安全。

二是坚持问题导向。聚焦道路运输安全事故暴露出的问题短板，调整相关制度设计，厘清管理职责边界，压实各方责任，切实解决好道路运输车辆技术管理工作中的“梗阻”问题。

三是坚持利企便民。深入贯彻国务院“放管服”改革决策部署，围绕经营者反映集中的难点堵点问题，全面落实道路货运车辆检验检测制度改革，便利道路货运经营者异地检测、结果互认、网上年审，切实减轻经营者负担。

四是坚持统筹衔接。依法依规调整道路运输车辆技术管理要求，推动《道路运输车辆技术管理规定》与现行法律、行政法规，以及党中央、国务院有关决策部署保持高度统一、有效衔接，加快推进行业治理能力现代化。

3 《道路运输车辆技术管理规定》主要修订了哪些内容？

《道路运输车辆技术管理规定》的修订，重点从道路运输车辆事前准入把关、事中使用管理、事后监督检查三个层次，对整体框架进行了优化调整。主要修订内容如下：

一是进一步完善道路运输车辆技术管理制度体系，优化调整了《道路运输车辆技术管理规定》章节名称与结构。明确道路运输车辆技术管理包括达标核查、维护修理、检验检测、年度审验、注销退出等环节。将上一版《道路运输车辆技术管理规定》中的第二章“车辆基本技术条件”修改为“车辆技术条件”，作为事前准入把关；将上一版《道路运输车辆技术管理规定》的第三章至第五章合并为一章，修改为“第三章　车辆使用的技术管理”，作为事中使用管理，并分为“基本要求”“维护与修理”“检验检测”三节；将《道路运输车辆技术管理规定》的第四章“监督检查”和第五章“法律责任”作为事后监督检查事项和处罚措施。

二是依法履行法定职责和部门“三定”职责，进一步明确道路运输车辆营运安全和节能相关要求。依据《中华人民共和国安全生产法》“三管三必须”要求和强制执行保障安全生产的国家标准或行业标准等规定、《中华人民共和国节约能源法》关于加强对交通运输营运车辆燃料消耗检测和监督管理的规定、《中华人民共和国道路运输条例》关于车辆与经营业务相适应并经检测合格的要求，以及交通运输部“三定”职责“拟定经营性机动车营运安全标准”，增加了新进入道路运输市场的车辆应当符合依法制定的保障营运车辆安全生产的相关国家标准或行业标准要求，燃料消耗量限制应当符合依法制定的关于营运车辆燃料消耗限值标准的要求，明确实施道路运输车辆达标管理及实车核查要求，明确车辆报废退出要求。

三是落实国务院“放管服”改革部署，进一步固化道路货运车辆“三检合一”改革要求，不断优化营商环境。按照国务院关于推进道路货运车辆“三检合一”改革部署，调整车辆检验检测和技术等级评定周期及频次，明确道路普通货物运输车辆（简称货车）可在全国范围内开展异地检测，增加了机动车检验检测机构上传检验检测数据和检验检测报告的要求。依据上位法，删除了不合理罚款事项，将无上位法支撑的处罚条款调整为监督检查事项，并明确监管措施要求。

四是围绕提升利企便民服务水平，优化调整车辆使用管理和监督事项。细化车辆维护作业项目要求，对二级维护实施分类管理，明确具备二级维护能力的经营者可对自有车辆进行二级维护作业，推动落实道路运输经营者车辆维护主体责任，减轻运输经营者负担。增加了道路运输车辆取得网上年度审验凭证的，免于在道路运输证上注明车辆技术等级的便利要求。综合考虑政策衔接、安全管控、分类管理、标准修订等情况，对在用道路旅客运输车辆（简称客车）类型等级年度复核要求进行了优化调整，明确交通运输主管部门在车辆审验时对客车使用过程中存在改变风险的配置参数进行现场检查核验。

五是发挥信息化手段作用，优化车辆档案管理要求。结合道路运输车辆实车核查和道路货运车辆“三检合一”改革要求，进一步优化道路运输经营者的车辆技术档案、机动车检验检测机构的检测档案、行业主管部门的管理档案等相关内容。明确依托道路运政管理信息系统等信息化手段，实现全国道路运输车辆管理档案信息共享的要求。

六是规范调整表述，强化法规、制度衔接。将“高速公路客运”“营运线路800公里以上客车”统一纳入“一类和二类客运班线、包车客运”范畴，与《道路旅客运输及客运站管理规定》保持一致。将“机动车综合性能检测机构”“汽车综合性能检测机构”统一调整为“机动车检验检测机构”，将“综合性能检测”调整为“检验检测”。

4 《道路运输车辆技术管理规定》适用于哪些类型车辆？

作为《中华人民共和国道路运输条例》的配套管理制度，《道路运输车辆技术管理规定》适用的道路运输车辆包括道路旅客运输车辆（简称客车）、道路普通货物运输车辆（简称货车）、道路危险货物运输车辆（简称危货车），不适用于从事普通货运经营的总质量4500千克及以下普通货运车辆。

其中，客车包括从事班车（加班车）客运、包车客运和旅游客运的车辆。

货车包括从事道路普通货运、道路货物专用运输和道路大型物件运输的车辆，道路货物专用运输车辆包括使用集装箱、冷藏保鲜设备、罐式容器等进行货物运输的专用车辆。

教练车、租赁小微型客车、城市公共汽（电）车、巡游出租汽车、网络预约出租汽车等不属于《道路运输车辆技术管理规定》中界定的道路运输车辆范畴。地方人民政府另有规定的，从其规定。

5 道路运输车辆技术管理的含义是什么？

道路运输车辆技术管理是指对道路运输车辆达标核查、维护修理、检验检测、年度审验、注销退出等环节进行的全过程技术性管理。

《道路运输车辆技术管理规定》修订，从技术角度对道路运输车辆技术管理的事前、事中、事后全过程进行了定义，进一步理清了各环节的管理要求，进一步完善了道路运输车辆技术管理的含义，增加了达标核查和注销退出环节。

6 道路运输车辆技术管理应遵循什么原则？

道路运输车辆是道路运输经营活动中的基本生产条件，其载货、载客量较大，对道路交通安全影响较大，在综合考虑其不同用途、使用场景、车型类别和属性的基础上，确定道路运输车辆的技术管理应当坚持分类管理、预防为主、安全高效、节能环保的原则。

其中，分类管理主要体现为客车、货车及危货车在车辆配置、技术等级、年度审验等方面存在不同要求；预防为主和安全高效是要求道路运输经营者重视道路运输车辆日常使用、维护和修理环节，应采取科学措施，保证车辆技术状况良好，使车辆处于经济运行状态，防止车辆因技术状况不良导致交通安全事故；安全高效与节能环保主要体现在车辆选购、驾驶操作、人员培训和制度建设等管理环节。

7 道路运输经营者在道路运输车辆技术管理工作中应履行什么职责？

道路运输经营者是道路运输车辆技术管理的责任主体，应当按照有关法律法规、标准规范和《道路运输车辆技术管理规定》要求，落实好车辆技术管理工作。具体包括：对车辆实行择优选配、正确使用、周期维护、视情修理、定期检验检测和适时更新，保证投入道路运输经营的车辆符合技术要求。

8 交通运输主管部门在道路运输车辆技术管理工作中应履行什么职责？

交通运输主管部门在道路运输车辆技术管理工作中主要承担监督职责。其中，交通运输部主管全国道路运输车辆技术管理的监督工作，县级以上各级交通运输主管部门负责本行政区域内道路运输车辆技术管理的监督工作。

具体来讲，交通运输部主要负责制定道路运输车辆技术管理的法规制度和标准规范，公布符合技术标准的道路运输车辆达标车型，开展道路运输车辆达标管理“双随机、一公开”抽查等。县级以上各级交通运输主管部门负责组织对申请从事道路运输经营的车辆开展实车核查，对道路运输经营者履行包括维护修理和检验检测等在内的车辆技术管理工作进行监督检查，对车辆技术等级和客车类型等级情况进行审验，督促达到国家机动车报废标准规定的车辆注销退出等管理工作。

9 道路运输车辆车型选择应遵循什么原则？

安全、节能和环保是道路运输车辆选型的基本原则。习近平总书记在第二届联合国全球可持续交通大会开幕式的讲话中提出“要加快形成绿色低碳交通运输方式，加强绿色基础设施建设，推广新能源、智能化、数字化、轻量化交通装备，鼓励引导绿色出行，让交通更加环保、出行更加低碳。”[①]《交通强国建设纲要》提出，“推广新能源、清洁能源、智能化、数字化、轻量化、环保型交通装备及成套技术装备。”

因此，交通运输行业要鼓励道路运输经营者使用安全、节能、环保型车辆，促进智能化、轻量化、标准化车型推广运用。

① 《人民日报》(2021 年 10 月 15 日 01 版)。

Chapter 2

第二章　车辆技术条件

10 从事道路运输经营的车辆应符合哪些基本技术要求？

《道路运输车辆技术管理规定》明确：从事道路运输经营的车辆，其外廓尺寸、轴荷和最大允许总质量应当符合《汽车、挂车及汽车列车外廓尺寸、轴荷及质量限值》（GB 1589）的要求；车辆的技术性能应当符合《机动车安全技术检验项目和方法》（GB 38900）以及依法制定的保障营运车辆安全生产的国家标准或者行业标准的要求；车型的燃料消耗量限值应当符合依法制定的关于营运车辆燃料消耗限值标准的要求；车辆（挂车除外）的技术等级和客车的类型等级应当符合国家有关道路运输车辆技术等级评定的要求和营运客车类型等级评定的要求。

其中，依法制定的保障营运车辆安全生产的国家标准或者行业标准，主要包括交通运输部依据《中华人民共和国安全生产法》和“三定”职责中“拟定经营性机动车营运安全标准”要求，制定并组织实施的《营运客车安全技术条件》（JT/T 1094）、《营运货车安全技术条件　第1部分：载货汽车》（JT/T 1178.1）、《营运货车安全技术条件　第2部分：牵引车辆与挂车》（JT/T 1178.2）、《危险货物道路运输营运车辆安全技术条件》（JT/T 1285）等。

依法制定的关于营运车辆燃料消耗限值标准，主要包括交通运输部依据《中华人民共和国节约能源法》，制定实施的《营运客车燃料消耗量限值及测量方法》（JT/T 711）、《营运货车燃料消耗量限值及测量方法》（JT/T 719），也包括《重型商用车辆燃料消耗量限值》（GB 30510）、《轻型商用车辆燃料消耗量限值》（GB 20997）等其他国家燃料消耗量限值标准。

国家有关道路运输车辆技术等级评定的要求和营运客车类型等级评定的要求主要是指《交通运输部办公厅关于优化道路运输车辆技术管理 便利开展车辆技术等级评定工作的通知》(交办运〔2020〕67号)和《营运客车类型划分及等级评定》(JT/T 325)。

11 《道路运输车辆技术管理规定》对车辆技术等级和道路旅客运输车辆类型等级适用范围作了哪些调整?

为进一步细化明确《道路运输车辆技术管理规定》部分条款要求,提升相关要求的可执行性,并与其他交通运输管理制度保持一致,本次修订将"高速公路客运、包车客运、国际道路旅客运输,以及营运线路长度在800公里以上客车"调整为"一类和二类客运班线、包车客运、国际道路旅客运输",删除"高速公路客运"和"营运线路长度在800公里以上",增加了"一类和二类客运班线"。主要原因如下:

一是保持《道路运输车辆技术管理规定》和《道路旅客运输及客运站管理规定》对客运业务分类和车辆技术要求的一致性。

二是根据《道路旅客运输及客运站管理规定》中"一类和二类客运班线"和"包车客运"的定义,"一类和二类客运班线"和"包车客运"基本涵盖"高速公路客运"。

三是"营运线路长度在800公里以上"的车辆大都是跨省级行政区、跨设区的市级行政区的长途客车,已经包含在一类、二类客运班线和省际包车客运中,且目前正在严控此类客运班线,不宜在规章中过多强调。

12 《道路运输车辆技术管理规定》对不同类型车辆的技术等级是如何要求的?

基于道路运输车辆的分类管理需求,《道路运输车辆技术管理规定》明确道路运输车辆应按要求评定技术等级,除挂车外所有道路运输车辆的技术等级应当达到二级及以上,挂车无须评定技术等级。其中,危货车、国际道路运输车辆、从事一类和二类客运班线及包车客运的客车,技术等级应当达到一级。因三类(跨县)和四类(县内或毗邻县间)客运班线运行路程较短,车辆技术等级达到二级即可。

13 道路旅客运输车辆的类型等级如何评定?

基于客车运营线路、适用场景的不同,客车除了应符合车辆技术等级要求外,明确其类型等级应当达到普通级及以上,从事一类和二类客运班线、包车客运、国际道路旅客运输的客车的类型等级应当达到中级及以上。因三类(跨县)和四类(县内、毗邻县间)客运班线运行路程较短,车辆类型等级达到普通级即可。

客车的类型划分和等级评定按照《营运客车类型划分及等级评定》(JT/T 325)执行,该标准按照车长将客车分为特大型、大型、中型和小型四种类型,根据配置性能,又将不同类型分为高(一、二、三)级、中级、普通级多个等级。

为便于客车类型划分和等级评定工作的开展,客车类型划分和等级评定工作已经整合到道路运输车辆达标管理工作中,客车的类型等级信息可按照该车的"产品型号(车辆型号)"通过道路运输车辆技术服务网查询,该车型配置、参数表中标注"*"的项目为《营运客车类型划分及等级评定》(JT/T 325)标准要求项目。

14 旅游客运车辆的技术等级和类型等级要求如何实施？

《道路旅客运输及客运站管理规定》将旅游客运按照营运方式分为定线旅游客运和非定线旅游客运，定线旅游客运按照班车客运管理，非定线旅游客运按照包车客运管理。

旅游客运中的定线旅游客运车辆按照从事班车客运客车的技术等级和类型等级要求执行。线路跨省级行政区域（毗邻县之间除外）的，以及在省级行政区域内，跨设区的市级行政区域（毗邻县之间除外）的定线旅游客运车辆，技术等级应达到一级，类型等级应达到中级及以上；线路在设区的市级行政区域内，跨县级行政区域（毗邻县之间除外）的，以及县级行政区域内的客运班线或者毗邻县之间的定线旅游客运车辆，技术等级应达到二级，类型等级达到普通级即可。

非定线旅游客运车辆按照从事包车客运客车的类型等级要求执行，车辆的技术等级应达到一级，类型等级应达到中级及以上。

15 挂车技术管理要求有哪些？

从事道路运输经营的挂车应按照要求进行达标车辆实车核查和检验检测，挂车检验检测结果符合《机动车安全技术检验项目和方法》（GB 38900）要求即可，无须进行技术等级评定。

16 交通运输主管部门开展道路运输车辆达标管理工作的要求是什么？

按照《道路运输车辆技术管理规定》要求，交通运输主管部门是道路运输达标车辆实车核查工作的责任主体，应加强从事道路运输经营车辆的达标管理，按照国家有关规定，组织对申请从事道路运输经营的车辆开展实车核查，如实记录核查情况，填写道路运输车辆核查记录表，实车参数配置与道路运输车辆达标车型对应参数配置不一致的，不得配发道路运输证。

其中，国家有关规定主要是指《道路运输达标车辆核查工作规范》（交办运〔2021〕4 号）。

17 对从事道路运输经营的车辆进行实车核查的依据是什么？

依据《中华人民共和国节约能源法》《中华人民共和国安全生产法》《中华人民共和国道路运输条例》《道路运输车辆技术管理规定》《道路运输车辆燃料消耗量检测和监督管理办法》以及交通运输部“三定方案”职责，交通运输部建立了道路运输车辆达标管理工作机制，包括公布道路运输车辆达标车型和道路运输达标车辆实车核查。

道路运输车辆达标车型由汽车生产企业自愿申报，交通运输部组织对汽车生产企业自愿申报的车型进行经技术审查，将符合相关安全技术标准、燃料消耗限值标准和客车类型等级要求的车型纳入《道路运输车辆达标车型表》，并向社会公布，以便于道路运输经营者选购符合技术条件要求的车型，也便于交通运输主管部门对新进入道路运输市场的车辆进行实车核查。交通运输部对道路运输车辆达标车型实施动态管理，不符合相关技术标准要求、存在弄虚作假等情形的车型将予以撤销。

《中华人民共和国节约能源法》第四十六条规定：“国务院有关部门制定交通运输营运车船的燃料消耗量限值标准；不符合标

准的，不得用于营运。”《中华人民共和国安全生产法》第十一、二十条规定：“生产经营单位必须执行依法制定的保障安全生产的国家标准或者行业标准”“生产经营单位应当具备本法和有关法律、行政法规和国家标准或者行业标准规定的安全生产条件；不具备安全生产条件的，不得从事生产经营活动。”基于上述法律条款规定，为保证进入道路运输市场的车辆与道路运输车辆达标车型参数配置一致，要求交通运输主管部门要组织对申请从事道路运输经营的车辆开展实车核查。

18 如何开展道路运输达标车辆实车核查？

道路运输达标车辆实车核查是对拟申请进入道路运输市场车辆的基本信息、结构布置、车辆配置、安全防护等参数配置，以及客车类型等级评定信息进行实车核查，通过与道路运输车辆达标车型参数配置进行比对，确认是否符合安全标准、燃料消耗量限值标准以及客车类型等级标准要求。

2021 年，交通运输部办公厅印发了《道路运输达标车辆核查工作规范》（交办运〔2021〕4 号），明确交通运输主管部门负责辖区内道路运输达标车辆的核查工作，对于交通运输主管部门自身不具备核查能力的，可采取政府购买服务的方式委托取得市场监管部门颁发资质认定证书、具备道路运输车辆检验检测能力的机动车检验检测机构开展道路运输达标车辆实车核查工作。

交通运输主管部门或受其委托开展道路运输达标车辆实车核查工作的机动车检验检测机构，对申请从事道路运输经营的车辆，依据机动车出厂合格证或车辆一致性证书上记载的车辆型号，在道路运输车辆技术服务网进行查询检索，结果显示该车辆对应的车辆型号属于《道路运输车辆达标车型表》的，对车辆的参数配置进行逐项核查，如实记录核查情况，填写道路运输达标车辆核查记录表；对实车参数配置与道路运输车辆达标车型对应参数配置不一致的，核查结论为不符合，不得配发道路运输证。为提高核查工作的效率和规范性，鼓励使用信息化手段开展实车核查工作。

19 哪些情况不进行达标车辆实车核查？

根据《道路运输达标车辆核查工作规范》(交办运〔2021〕4号)要求，对于已经取得道路运输证的在用道路运输车辆，因经营期延续、转移所有权或车籍地等情况，依法重新办理道路运输证，且办理时间未超过90日的，不需要对相关车辆参数配置进行实车核查。其中，办理时间按照原有效道路运输证注销之日至再次办理道路运输证之日计算。

20 道路运输车辆达到报废标准后如何处理？

我国对达到报废标准的机动车实施强制报废，道路运输经营者应当严格执行《机动车强制报废标准规定》。《机动车强制报废标准规定》明确不符合机动车安全技术国家标准、向大气排放污染物或者噪声仍不符合国家环保标准以及达到规定使用年限的机动车应强制报废，对达到一定行驶里程的机动车引导报废。道路运输经营者可根据车辆行驶里程，在综合考虑安全高效、节能环保的基础上，对车辆进行报废更新。道路运输经营者应及时对达到报废标准的道路运输车辆办理道路运输证注销手续。

Chapter 3

第三章　车辆使用的技术管理

21 道路运输经营者履行车辆使用技术管理的具体责任有哪些？

道路运输经营者应当遵守有关法律法规、标准和规范，开展车辆使用技术管理工作，包括建立健全管理制度，制定车辆使用技术管理规范，建立车辆技术档案，按规定设置车辆技术管理部门、配备专业车辆技术管理人员，对驾驶员、车辆技术管理人员等开展业务培训，建立车辆维护制度，组织实施车辆维护、修理、检验检测（评定技术等级）和车辆年审等。道路运输经营者车辆技术管理工作可参考《道路运输企业车辆技术管理规范》（JT/T 1045）。

22 如何加强道路运输车辆档案管理？

根据《道路运输车辆技术管理规定》，道路运输车辆实行"一车一档"。道路运输车辆的档案包括由道路运输经营者建立的车辆技术档案、机动车检验检测机构建立的车辆检验检测档案和交通运输主管部门建立的车辆管理档案。

车辆技术档案内容主要包括：车辆基本信息，机动车检验检测报告（含车辆技术等级），道路运输达标车辆核查记录表，客车类型等级审验、车辆维护和修理（含机动车维修竣工出厂合格证）、车辆主要零部件更换、车辆变更、行驶里程、对车辆造成损伤的交通事故等记录。道路运输经营者应当运用信息化技术做好道路运输车辆技术档案管理工作，档案内容应当准确、翔实。档案建立可参考《道路运输企业车辆技术管理规范》（JT/T 1045），道路运输达标车辆核查记录表见《道路运输达标车辆核查工作规范》（交办运〔2021〕4 号）。

车辆检验检测档案内容主要包括：车辆基本信息、机动车检验检测报告(含车辆技术等级)。按照《检验检测机构监督管理办法》第十二条规定,检验检测机构应当对检验检测原始记录和报告进行归档留存,保存期限不少于6年。

车辆管理档案内容主要包括:车辆基本信息,道路运输达标车辆核查记录表,机动车检验检测报告(含车辆技术等级),客车类型等级审验、车辆变更等记录。交通运输主管部门应当依托道路运政管理信息系统建立车辆管理档案,及时更新档案内容,实现全国道路运输车辆管理档案信息共享。

23 车辆技术档案中记录的车辆主要零部件有哪些?

车辆主要零部件是指发动机、离合器、车厢、驾驶室、转向器、变速器、前桥、后桥、车架、轮胎以及电动汽车的动力蓄电池、驱动电机、充电及电控系统等部件。

24 车辆转移所有权或车籍地对档案有哪些要求?

车辆转移所有权或者车籍地时,道路运输经营者建立的车辆技术档案应当随车移交。

道路普通货物运输车辆转移车籍地时涉及车辆档案的相关要求,应按照《交通运输部办公厅关于切实做好道路普通货物运输车辆转籍业务办理工作的通知》(交办运〔2021〕57号)执行。

25 道路运输车辆维护要求有哪些?

基于预防为主的原则,《道路运输车辆技术管理规定》明确道路运输车辆实施周期维护制度，车辆维护分为日常维护、一级维护和二级维护。日常维护由驾驶员实施，一级维护和二级维护由道路运输经营者组织实施。道路运输经营者应当建立车辆维护制度，按照其确定的维护周期和维护项目做好车辆的维护工作，并做好记录。

根据《汽车维护、检测、诊断技术规范》(GB/T 18344)等国家标准和行业标准，日常维护是以清洁、补给和安全性能检视为中心内容的维护作业。一级维护是除日常维护作业外，以润滑、紧固为作业中心内容，并检查有关制动、操纵等系统中的安全部件的维护作业。二级维护是除一级维护作业外，以检查、调整制动系、转向操纵系、悬架等安全部件，并拆检轮胎，进行轮胎换位，检查调整发动机工作状况和汽车排放相关系统等为主的维护作业。

26 道路运输车辆的维护周期如何确定？

道路运输经营者应针对道路运输车辆制定科学合理的维护周期，《汽车维护、检测、诊断技术规范》(GB/T 18344)中给出了道路运输车辆一级维护、二级维护的推荐周期。道路运输经营者在制定车辆维护周期时，应当依据《汽车维护、检测、诊断技术规范》(GB/T 18344)等国家或行业有关标准，以及车辆维修手册、使用说明书等，结合车辆类别、车辆运行状况、行驶里程、道路条件、使用年限等因素，确定车辆维护周期。

27 道路运输车辆的维护作业项目如何确定？

根据《道路运输车辆技术管理规定》，车辆维护作业项目应当按照国家关于汽车维护的技术规范要求和汽车生产企业公开的车辆维护技术信息确定。

国家关于汽车维护的技术规范主要包括《汽车维护、检测、诊断技术规范》(GB/T 18344)、《纯电动汽车维护、检测、诊断技术规范》(JT/T 1344)、《使用乙醇汽油车辆检查、维护技术规范》(GB/T 25349)、《压缩天然气汽车维护技术规范》(GB/T 27876)、《液化石油气汽车维护技术规范》(GB/T 27877)、《液化天然气汽车维护技术规范》(JT/T 1009)、《液化天然气汽车日常检查方法》(JT/T 1010)、《混合动力电动汽车维护技术规范》(JT/T 1029)等标准规范。

汽车生产企业公开的车辆维护技术信息是指《中华人民共和国大气污染防治法》中规定的机动车生产、出口企业向社会公布的其生产、进口机动车车型的排放检验信息、污染控制技术信息和有关维修技术信息,交通运输部、环境保护部等部委2015年联合印发的《汽车维修技术信息公开实施管理办法》中规定的汽车生产企业免费向消费者公开的车辆维护技术信息。车辆维护技术信息可通过"汽车维修技术信息公开服务网"查询。

28 道路运输经营者如何实施车辆二级维护?

根据《道路运输车辆技术管理规定》,道路运输经营者组织对自有车辆进行的二级维护分为自行进行的二级维护和委托具备条件的汽车维修经营者进行的二级维护。

道路运输经营者具备二级维护作业能力的,可以对自有车辆进行二级维护作业,保证投入运营的车辆符合技术管理要求,维护完成后无须到机动车检验检测机构进行二级维护竣工质量检测。道路运输经营者具备二级维护作业能力的,一般是指道路运输经营者根据其车辆类型,对照《汽车维护、检测、诊断技术规范》

(GB/T 18344)、《纯电动汽车维护、检测、诊断技术规范》(JT/T 1344)、《压缩天然气汽车维护技术规范》(GB/T 27876)、《液化石油气汽车维护技术规范》(GB/T 27877)、《液化天然气汽车维护技术规范》(JT/T 1009)、《混合动力电动汽车维护技术规范》(JT/T 1029)等标准,从维护人员、相关设施设备、竣工检验等方面,自行判断是否具备开展二级维护所需的软硬件条件,确保能够正常开展二级维护作业。

道路运输经营者不具备二级维护作业能力的,应当委托二类及以上机动车维修经营者进行二级维护作业。按照《机动车维修管理规定》要求,机动车维修经营者完成二级维护作业后,应当向委托方出具机动车维修竣工出厂合格证。开展道路运输车辆二级维护作业的机动车维修经营者应符合《汽车维修业经营业务条件 第1部分:汽车整车维修企业》(GB/T 16739.1)条件要求。

29 道路运输车辆完成二级维护后是否需要开展竣工质量检验?

道路运输经营者对自有车辆进行二级维护作业的,由其负责对车辆进行二级维护竣工质量检验,不需要到机动车检验检测机构进行二级维护竣工质量检测。

道路运输经营者委托机动车维修经营者进行二级维护作业的,机动车维修经营者完成二级维护作业后应当对车辆进行二级维护竣工质量检验。二级维护竣工质量检验所配备的设备应符合《汽车维护、检测、诊断技术规范》(GB/T 18344)规定的所有出厂检验项目的检测设备要求,完成竣工质量检验后,不需要到机动车检验检测机构进行二级维护竣工质量检测。

30 道路危险货物运输车辆的维修有哪些特别要求？

危货车因其运输货物的特殊性，在车辆维修过程中存在安全隐患，因此，道路运输经营者用于运输剧毒化学品、爆炸品的专用车辆及罐式专用车辆（含罐式挂车），应当委托具有危货车维修条件的维修企业进行维修，从事危货车维修的汽车维修经营者应按照《机动车维修管理规定》完成备案，备案的业户类别应为一类，备案的经营范围应包括危货车维修。危货车维修是指对专用车辆及罐式专用车辆（含罐式挂车）的维修，不包括对危货车罐体的维修。

考虑到危货车结构特点，为方便道路运输经营者进行车辆维修，危险货物运输专用车辆的牵引车和其他运输危险货物的车辆由道路运输经营者消除危险货物的危害后，可以作为普通货运车辆委托汽车维修企业进行维修。

31 哪些机动车检验检测机构可以从事道路运输车辆检验检测业务？

从事道路运输车辆检验检测业务的机动车检验检测机构首先应取得市场监督管理部门的资质认定证书，具备《机动车安全技术检验项目和方法》（GB 38900）中对应的道路运输车辆检验检测能力。从事道路运输车辆检验检测业务的机动车检验检测机构应与道路运输车辆检验检测信息系统联网，便于上传检验检测数据和检验检测报告，支撑车辆网上年审。

为便于道路运输经营者查询选择机动车检验检测机构进行

检验检测和技术等级评定，交通运输部通过部网站中的“互联网道路运输便民政务服务系统”、道路运政高频事项“一网通办”微信小程序等，对从事道路运输车辆检验检测业务的机动车检验检测机构名单和信息进行发布并动态更新。道路运输经营者可通过网站或微信小程序等相关渠道检索查询附近机动车检验检测机构，便于就近开展车辆检验检测业务。

32 道路运输车辆检验检测和技术等级评定周期、频次有何调整？

为进一步落实国务院有关道路货运车辆“三检合一”改革要求，本次部令修订，对道路运输车辆检验检测和技术等级评定周期、频次进行优化调整，与其他部门的有关规定保持一致。道路运输经营者应当自道路运输车辆首次取得道路运输证当月起，按照下列周期和频次进行检验检测和技术等级评定。

(1)客车自首次经国家机动车登记主管部门注册登记不满60个月的，每12个月进行1次检验检测和技术等级评定；超过60个月的，每6个月进行1次检验检测和技术等级评定。

(2)其他运输车辆自首次经国家机动车登记主管部门注册登记不满120个月的，每12个月进行1次检验检测和技术等级评定；超过120个月的，每6个月进行1次检验检测和技术等级评定。

需要强调的是，新版《道路运输车辆技术管理规定》将道路普通货物运输车辆和道路危险货物运输车辆检验检测和技术等级评定周期进行了统一。

33 哪些道路运输车辆可在全国范围内进行异地检验检测和技术等级评定?

随着物流业的快速发展,大量货车长期跨省级行政区、跨县市从事道路运输经营,为避免经营者为车辆检验检测和技术等级评定返回车籍地,减轻经营者负担,进一步落实道路运输驾驶员高频服务事项跨省通办,优化营商环境,在不降低安全要求的前提下,道路普通货物运输车辆的检验检测和技术等级评定可以在全国范围内自主选择机动车检验检测机构进行,且无须办理委托手续。

34 道路旅客运输车辆和道路危险货物运输车辆是否可进行异地检验检测和技术等级评定?

按照道路运输车辆技术管理分类管理的原则,客车和危货车是道路运输行业监管的重要对象,安全风险和隐患较高,考虑到客车属地化经营的特点,以及《道路危险货物运输管理规定》对道路危险货物运输经营监管提出的要求,客车、危货车的检验检测和技术等级评定仍需要委托车籍所在地的机动车检验检测机构进行。

另外,在国家发展和改革委员会、交通运输部、公安部等部委联合印发的有关道路货运车辆"三检合一"改革文件中也明确,危货车不实行异地检验和异地年审。

35 道路运输车辆如何进行技术等级评定?

从事道路运输车辆检验检测业务的机动车检验检测机构应按照《机动车安全技术检验项目和方法》(GB 38900)实施车辆检

验检测，机动车检验检测机构依据检验检测数据，按《交通运输部办公厅关于优化道路运输车辆技术管理　便利开展车辆技术等级评定工作的通知》（交办运〔2020〕67号）进行技术等级评定，并在机动车安全技术检验报告中备注车辆技术等级。

检验检测结果符合《机动车安全技术检验项目和方法》（GB 38900）标准的，车辆技术等级定为二级。在此基础上，转向盘最大自由转动量、轮胎花纹深度、空载制动不平衡率、车身对称部位高度差等4项指标全部达到交办运〔2020〕67号文件附件“道路运输车辆技术等级（一级）评定要求”规定的技术等级一级要求（见下表），车辆技术等级定为一级。

道路运输车辆技术等级（一级）评定要求

序号	评定项目	技术等级（一级）要求
1	转向盘最大自由转动量（°）	最高设计车速大于或等于100km/h的车辆不大于10°，其他车辆不大于20°
2	轮胎花纹深度（mm）	乘用车轮胎胎冠花纹深度不小于2.5mm；其他车型的转向轮的胎冠花纹深度不小于3.8mm，其余轮胎花纹深度应不小于2.5mm
3	空载制动不平衡率（%）	前轴制动不平衡率≤20%，后轴制动不平衡率≤24%（当后轴制动力小于后轴轴荷的60%时，制动不平衡率≤后轴轴荷的8%）（注：前轴、后轴判定依据参考GB 38900及GB 7258规定）
4	车身对称部位高度差（mm）	车体外缘左右对称部位高度差应小于或等于20mm
说明：对于检验检测结果符合GB 38900标准技术要求的车辆，4项技术等级评定项目全部达到本表要求的，车辆技术等级评为一级		

另外，按照国务院有关道路货运车辆“三检合一”改革部署，《道路运输车辆综合性能要求和检验方法》（GB 18565）、《机动车

安全技术检验项目和方法》(GB 21861)和《道路运输车辆技术等级划分和评定要求》(JT/T 198)已废止。

36 车辆技术等级是否必须在道路运输证上标明?

原则上,车籍所在地交通运输主管部门应当将车辆技术等级在道路运输证上标明,包括道路运输证纸质或电子证件。为避免道路运输经营者往返车籍地和运输驻地办理相关手续,减少时间和经济成本,对于通过网上办理道路普通货物运输车辆网上年审、能够出具网上年审凭证的,本年度可免于在道路运输证上标明车辆技术等级。

道路普通货物运输车辆网上年度审验按照《道路普通货物运输车辆网上年度审验工作规范》(交办运〔2022〕18 号)执行,车辆网上年审可通过交通运输部网站中的“互联网道路运输便民政务服务系统”或道路运政高频事项“一网通办”微信小程序等进行申请。网上年审凭证可通过交通运输部网站中的“互联网道路运输便民政务服务系统”或道路运政高频事项“一网通办”微信小程序下载。

37 从事道路运输车辆检验检测业务的机动车检验检测机构有哪些责任和义务?

从事道路运输车辆检验检测业务的机动车检验检测机构应当按照《机动车安全技术检验项目和方法》(GB 38900)标准实施检验检测,出具检验检测报告,并按规定在报告“备注”栏签注车辆技术等级,为车辆建立检验检测档案。机动车检验检测机构应确保检验检测和技术等级评定结果客观、公正、准确,并对检验检测和技术等级评定结果承担法律责任。机动车检验检测机构应当及时、准确、完整地将检验检测数据和检验检测报告上传到道路运输车辆检验检测信息系统。

根据“三检合一”改革要求，以及便利道路运输经营者业务办理，机动车检验检测机构要积极推行检测预约服务，完善预约服务流程，推行车辆检验“交钥匙工程”，由检验机构工作人员一次性负责办结，群众办理车检只排一次队、全程一窗办。

38 从事道路运输车辆检验检测业务的机动车检验检测机构如何上传检验检测数据和检验检测报告？

从事道路运输车辆检验检测业务的机动车检验检测机构应按照《机动车安全技术检验项目和方法》(GB 38900)中第7章规定，以及交通运输部发布的《道路运输车辆检验检测信息系统联网技术要求》(交通运输部公告2021年第10号)规定的格式和要求，将道路运输车辆的检验检测数据及《机动车安全技术检验报告》(含车辆技术等级)及时、准确、完整地上传至省级(或地市级)道路运输车辆检验检测信息系统，便于道路运输经营者办理年审业务，有效支持道路普通货运车辆的网上年度审验工作。

Chapter 4

第四章　监督检查

39 交通运输主管部门如何履行监督职责？

县级以上交通运输主管部门应依法指定具体部门履行道路运输车辆技术管理监督检查工作，明确职责权限，监督检查工作开展应严格遵守《交通运输行政执法程序规定》及国家其他法律法规要求。

40 道路运输车辆年度审验中的车辆技术状况是指什么？

《道路旅客运输及客运站管理规定》《道路货物运输及站场管理规定》《道路危险货物运输管理规定》均明确了车辆年度审验内容，其中，车辆技术状况是年审的一项重要内容，车辆技术状况主要是指车辆技术等级情况（一级或二级），客车还包括类型等级情况。

41 车辆年度审验时，如何对道路旅客运输车辆类型等级情况进行核实？

为减少重复检验核查项目，降低道路客运经营者负担，在不降低安全要求的前提下，交通运输主管部门在开展营运客车年度审验时，只需对使用过程中存在改变风险的配置参数进行查验核实，具体查验核实内容见《交通运输部办公厅关于贯彻实施〈道路运输车辆技术管理规定〉的通知》（交办运〔2023〕26 号）。

42 从事道路运输车辆检验检测业务的机动车检验检测机构出现违法违规行为如何处置？

从事道路运输车辆检验检测业务的机动车检验检测机构有下列行为之一的，交通运输主管部门不予采信其出具的检验检测报告，并抄报同级市场监督管理部门处理。

(1)不按技术标准、规范对道路运输车辆进行检验检测的；

(2)未经检验检测出具道路运输车辆检验检测结果的；

(3)不如实出具道路运输车辆检验检测结果的。

从事道路运输车辆检验检测业务的机动车检验检测机构未及时、准确、完整上传检验检测数据和检验检测报告的，交通运输主管部门可以将相关情况定期向社会公布，以便道路运输经营者了解情况选择其他机动车检验检测机构。

市场监督管理部门是机动车检验检测机构的主管部门，可依据《检验检测机构资质认定管理办法》和《检验检测机构监督管理办法》等有关规定，对机动车检验检测机构的违法违规检测行为进行处理。

43 道路运输经营者使用不符合规定要求的车辆从事道路运输经营活动，如何处理？

《中华人民共和国道路运输条例》明确规定，客运经营者、货运经营者不得使用报废的、擅自改装的和其他不符合国家规定的车辆从事道路运输经营，但《中华人民共和国道路运输条例》未对违反上述规定给出行政处罚措施。为对此种行为进行监管，新版《道路运输车辆技术管理规定》明确道路运输经营者使用报废、擅自改装、拼装、检验检测不合格和其他不符合国家规定的车辆从事道路运输经营活动的，或者道路运输车辆的技术状况未达到第七条规定的有关标准要求的，交通运输主管部门应当督促其改正。

44 如何强化落实道路运输经营者车辆技术管理主体责任？

为了强化道路运输经营者的车辆技术管理主体责任，交通运输主管部门应当将道路运输经营者落实道路运输车辆技术管理工作情况纳入企业质量信誉考核和信用管理中，加强结果应用，督促道路运输经营者加强车辆技术管理。

45 道路旅客运输车辆的年审内容有哪些？

根据《道路旅客运输及客运站管理规定》，客车年度审验内容包括：

(1)车辆违法违章记录；

(2)车辆技术等级评定情况；

(3)车辆类型等级评定情况；

(4)按照规定安装、使用符合标准的具有行驶记录功能的卫星定位装置情况；

(5)客运经营者为客车投保承运人责任险情况。

46 道路货物运输车辆的年审内容有哪些？

根据《道路货物运输及站场管理规定》，货车年度审验内容包括：

(1)车辆技术等级评定情况；

(2)车辆结构及尺寸变动情况；

(3)车辆违章记录。

根据《道路运输车辆动态监督管理办法》,对用于公路营运的载客汽车、危险货物运输车辆、半挂牵引车以及重型载货汽车(总质量为12吨及以上的普通货运车辆),未按照要求安装卫星定位装置,或者已安装卫星定位装置但未能在联网联控系统(重型载货汽车和半挂牵引车未能在道路货运车辆公共平台)正常显示的车辆,不予发放或者审验道路运输证。

47 道路危险货物运输车辆的年审内容有哪些?

根据《道路危险货物运输管理规定》,除车辆技术等级评定情况外,危货车年审需增加以下审验项目:

(1)专用车辆投保危险货物承运人责任险情况；

(2)必需的应急处理器材、安全防护设施设备和专用车辆标志的配备情况；

(3)具有行驶记录功能的卫星定位装置的配备情况。

Chapter 5

第五章　法律责任

48 道路运输经营者未按照规定周期和频次进行道路运输车辆检验检测，如何处罚？

《中华人民共和国道路运输条例》规定，客运经营者、货运经营者应当加强对车辆的维护和检测，确保车辆符合国家规定的技术标准，客运经营者、货运经营者不按规定检测运输车辆的，由县级以上地方人民政府交通运输主管部门责令改正，处1000元以上5000元以下的罚款。

因此，道路运输经营者未按照规定的周期和频次进行检验检测和技术等级评定的，由县级以上地方人民政府交通运输主管部门责令改正，处1000元以上5000元以下的罚款。

49 道路运输经营者未按照规定维护道路运输车辆，如何处罚？

《中华人民共和国道路运输条例》规定，客运经营者、货运经营者应当加强对车辆的维护和检测，确保车辆符合国家规定的技术标准，客运经营者、货运经营者不按规定维护运输车辆的，由县级以上地方人民政府交通运输主管部门责令改正，处1000元以上5000元以下的罚款。

因此，《道路运输车辆技术管理规定》规定道路运输经营者未按照规定维护车辆，由县级以上地方人民政府交通运输主管部门责令改正，处1000元以上5000元以下的罚款。

按照规定维护车辆是指道路运输经营者应按照其自行确定的车辆维护周期和作业项目组织开展车辆维护。道路运输经营者是否按照规定维护道路运输车辆是指其是否制定维护计划、是否按照维护计划确定的周期维护车辆、维护后车辆是否符合相关技术标准要求。

上述事项可通过查验道路运输经营者提供的维护计划、车辆维护记录或维护凭证等进行核实。汽车维修经营者在开展道路运输车辆维护作业时，存在违法违规行为的，应当依据《机动车维修管理规定》进行处理。

50 行业管理人员在监督管理工作中出现违法违规行为应如何处理？

交通运输主管部门工作人员在监督管理工作中滥用职权、玩忽职守、徇私舞弊的，依法给予行政处分；构成犯罪的，由司法机关依法处理。

附录1

道路运输车辆技术管理规定

（交通运输部令2023年第3号）

第一章 总 则

第一条 为加强道路运输车辆技术管理，保持车辆技术状况良好，保障运输安全，发挥车辆效能，促进节能减排，根据《中华人民共和国安全生产法》《中华人民共和国节约能源法》《中华人民共和国道路运输条例》等法律、行政法规，制定本规定。

第二条 道路运输车辆技术管理适用本规定。

本规定所称道路运输车辆包括道路旅客运输车辆（以下简称客车）、道路普通货物运输车辆（以下简称货车）、道路危险货物运输车辆（以下简称危货车）。

本规定所称道路运输车辆技术管理，是指对道路运输车辆达标核查、维护修理、检验检测、年度审验、注销退出等环节进行的全过程技术性管理。

第三条 道路运输车辆技术管理应当坚持分类管理、预防为主、安全高效、节能环保的原则。

第四条 道路运输经营者是道路运输车辆技术管理的责任主体，负责对道路运输车辆实行择优选配、正确使用、周期维护、视情修理、定期检验检测和适时更新，保证投入道路运输经营的车辆符合技术要求。

第五条 鼓励道路运输经营者使用安全、节能、环保型车辆，促进智能化、轻量化、标准化车型推广运用，加强科技应用，不断提高车辆的管理水平和技术水平。

第六条　交通运输部主管全国道路运输车辆技术管理的监督工作。

县级以上地方人民政府交通运输主管部门(以下简称交通运输主管部门)负责本行政区域内道路运输车辆技术管理的监督工作。

第二章　车辆技术条件

第七条　从事道路运输经营的车辆应当符合下列技术要求:

(一)车辆的外廓尺寸、轴荷和最大允许总质量应当符合《汽车、挂车及汽车列车外廓尺寸、轴荷及质量限值》(GB 1589)的要求。

(二)车辆的技术性能应当符合《机动车安全技术检验项目和方法》(GB 38900)以及依法制定的保障营运车辆安全生产的国家标准或者行业标准的要求。

(三)车型的燃料消耗量限值应当符合依法制定的关于营运车辆燃料消耗限值标准的要求。

(四)车辆(挂车除外)的技术等级应当符合国家有关道路运输车辆技术等级评定的要求,达到二级以上。危货车、国际道路运输车辆以及从事一类和二类客运班线、包车客运的客车,技术等级应当达到一级。

(五)客车的类型等级应当符合国家有关营运客车类型等级评定的要求,达到普通级以上。从事一类和二类客运班线、包车客运、国际道路旅客运输的客车的类型等级应当达到中级以上。

第八条　交通运输主管部门应当加强从事道路运输经营车辆的达标管理,按照国家有关规定,组织对申请从事道路运输经营的车辆开展实车核查,如实记录核查情况,填写道路运输达标车辆核查记录表，对不符合本规定的车辆不得配发道路运输证。

在对挂车配发道路运输证和年度审验时，应当查验挂车是否具有有效行驶证件。

第九条 禁止使用报废、擅自改装、拼装、检验检测不合格以及其他不符合国家规定的车辆从事道路运输经营活动。

第十条 道路运输经营者应当按照国家有关机动车强制报废标准规定，对达到报废标准的道路运输车辆及时办理道路运输证注销手续。

第三章 车辆使用的技术管理

第一节 基本要求

第十一条 道路运输经营者应当遵守有关法律法规、标准和规范，认真履行车辆技术管理的主体责任，建立健全管理制度，加强车辆技术管理。

第十二条 鼓励道路运输经营者设置相应的部门负责车辆技术管理工作，并根据车辆数量和经营类别配备车辆技术管理人员，对车辆实施有效的技术管理。

第十三条 道路运输经营者应当加强车辆维护、使用、安全和节能等方面的业务培训，提升从业人员的业务素质和技能，确保车辆处于良好的技术状况。

第十四条 道路运输经营者应当根据有关道路运输企业车辆技术管理标准，结合车辆技术状况和运行条件，正确使用车辆。

鼓励道路运输经营者依据相关标准要求，制定车辆使用技术管理规范，科学设置车辆经济、技术定额指标并定期考核，提升车辆技术管理水平。

第十五条 道路运输经营者应当建立车辆技术档案，实行一车一档。档案内容主要包括：车辆基本信息，机动车检验检测报告（含车辆技术等级），道路运输达标车辆核查记录表，客车类型等级审验、车辆维护和修理（含机动车维修竣工出厂合格证）、车辆主要零部件更换、车辆变更、行驶里程、对车辆造成损伤的交通事故等记录。档案内容应当准确、详实。

车辆转移所有权或者车籍地时，车辆技术档案应当随车移交。

道路运输经营者应当运用信息化技术做好道路运输车辆技术档案管理工作。

第二节　维护与修理

第十六条　道路运输经营者应当建立车辆维护制度。

车辆维护分为日常维护、一级维护和二级维护。日常维护由驾驶员实施，一级维护和二级维护由道路运输经营者组织实施，并做好记录。

第十七条　道路运输经营者应当依据国家有关标准和车辆维修手册、使用说明书等，结合车辆类别、车辆运行状况、行驶里程、道路条件、使用年限等因素，自行确定车辆维护周期，确保车辆正常维护。

车辆维护作业项目应当按照国家关于汽车维护的技术规范要求和汽车生产企业公开的车辆维护技术信息确定。

道路运输经营者具备二级维护作业能力的，可以对自有车辆进行二级维护作业，保证投入运营的车辆符合技术管理要求，无须进行二级维护竣工质量检测。

道路运输经营者不具备二级维护作业能力的，应当委托二类以上机动车维修经营者进行二级维护作业。机动车维修经营者完成二级维护作业后，应当向委托方出具机动车维修竣工出厂合格证。

第十八条 道路运输经营者应当遵循视情修理、保障安全的原则，根据实际情况对车辆进行及时修理。

第十九条 道路运输经营者用于运输剧毒化学品、爆炸品的专用车辆及罐式专用车辆（含罐式挂车），应当到具备危货车维修条件的企业进行维修。

前款规定专用车辆的牵引车和其他运输危险货物的车辆由道路运输经营者消除危险货物的危害后，可以到具备一般车辆维修条件的企业进行维修。

第三节 检验检测

第二十条 道路运输经营者应当定期到取得市场监督管理部门资质认定证书、具备相应检验检测能力的机动车检验检测机构，对道路运输车辆进行检验检测和技术等级评定。

第二十一条 道路运输经营者应当自道路运输车辆首次取得道路运输证当月起，按照下列周期和频次进行检验检测和技术等级评定：

（一）客车自首次经国家机动车登记主管部门注册登记不满60个月的，每12个月进行1次检验检测和技术等级评定；超过60个月的，每6个月进行1次检验检测和技术等级评定。

（二）其他道路运输车辆自首次经国家机动车登记主管部门注册登记不满120个月的，每12个月进行1次检验检测和技术等级评定；超过120个月的，每6个月进行1次检验检测和技术等级评定。

第二十二条 客车、危货车的检验检测和技术等级评定应当委托车籍所在地的机动车检验检测机构进行。

货车的检验检测和技术等级评定可以在全国范围内自主选

择机动车检验检测机构进行。

第二十三条　从事道路运输车辆检验检测业务的机动车检验检测机构应当按照《机动车安全技术检验项目和方法》(GB 38900)实施检验检测，出具机动车检验检测报告，并在报告中备注车辆技术等级。

车籍所在地交通运输主管部门应当将车辆技术等级在道路运输证上标明。道路运输车辆取得网上年度审验凭证的，本年度可免于在道路运输证上标明车辆技术等级。

从事道路运输车辆检验检测业务的机动车检验检测机构应当确保检验检测和技术等级评定结果客观、公正、准确，并对检验检测和技术等级评定结果承担法律责任。

第二十四条　从事道路运输车辆检验检测业务的机动车检验检测机构应当及时、准确、完整上传检验检测数据和检验检测报告。

第二十五条　从事道路运输车辆检验检测业务的机动车检验检测机构应当建立车辆检验检测档案，档案内容主要包括：车辆基本信息、机动车检验检测报告(含车辆技术等级)。

第四章　监 督 检 查

第二十六条　交通运输主管部门应当按照职责权限和法定程序对道路运输车辆技术管理进行监督检查。

相关单位和个人应当积极配合交通运输主管部门的监督检查，如实反映情况，提供有关资料。

第二十七条　交通运输主管部门应当将车辆技术等级情况、客车类型等级情况纳入道路运输车辆年度审验内容。

第二十八条　从事道路运输车辆检验检测业务的机动车检验检测机构有下列行为之一的，交通运输主管部门不予采信其出具的检验检测报告，并抄报同级市场监督管理部门处理：

（一）不按技术标准、规范对道路运输车辆进行检验检测的；

（二）未经检验检测出具道路运输车辆检验检测结果的；

（三）不如实出具道路运输车辆检验检测结果的。

从事道路运输车辆检验检测业务的机动车检验检测机构未及时、准确、完整上传检验检测数据和检验检测报告的，交通运输主管部门可以将相关情况定期向社会公布。

第二十九条 交通运输主管部门应当依托道路运政管理信息系统建立车辆管理档案，及时更新档案内容，实现全国道路运输车辆管理档案信息共享。

档案内容主要包括：车辆基本信息，道路运输达标车辆核查记录表，机动车检验检测报告（含车辆技术等级），客车类型等级审验、车辆变更等记录。

第三十条 道路运输经营者使用报废、擅自改装、拼装、检验检测不合格和其他不符合国家规定的车辆从事道路运输经营活动的，或者道路运输车辆的技术状况未达到第七条规定的有关标准要求的，交通运输主管部门应当责令改正。

交通运输主管部门应当将对道路运输车辆技术管理的监督检查和执法情况纳入道路运输企业质量信誉考核和信用管理。

第五章 法律责任

第三十一条 违反本规定，道路运输经营者未按照规定的周期和频次进行车辆检验检测或者未按规定维护道路运输车辆的，交通运输主管部门应当责令改正，处1000元以上5000元以下罚款。

第三十二条 交通运输主管部门工作人员在监督管理工作中滥用职权、玩忽职守、徇私舞弊的，依法给予行政处分；构成犯罪的，由司法机关依法处理。

第六章　附　　则

第三十三条　从事普通货运经营的总质量4500千克及以下普通货运车辆，不适用本规定。

第三十四条　本规定自2023年6月1日起施行。2016年1月22日以交通运输部令2016年第1号公布的《道路运输车辆技术管理规定》、2019年6月21日以交通运输部令2019年第19号公布的《关于修改〈道路运输车辆技术管理规定〉的决定》、2022年9月26日以交通运输部令2022年第29号公布的《关于修改〈道路运输车辆技术管理规定〉的决定》同时废止。

附录2

交通运输部办公厅关于贯彻实施《道路运输车辆技术管理规定》的通知

（交办运〔2023〕26号）

各省、自治区、直辖市、新疆生产建设兵团交通运输厅（局、委）：

为认真贯彻落实新修订的《道路运输车辆技术管理规定》（交通运输部令2023年第3号，以下简称《规定》），进一步提升道路运输车辆技术管理水平，经交通运输部同意，现将有关事项通知如下：

一、严格开展道路运输车辆技术审核

各地交通运输主管部门要严格落实道路运输车辆达标核查责任，按照《道路运输达标车辆核查工作规范》规定，组织对申请从事道路运输经营的客车、乘用车、载货汽车、牵引车辆和挂车开展实车核查，如实填写道路运输达标车辆核查记录表，从严把关新进入道路运输市场车辆的安全、节能相关配置参数，以及车辆技术等级、客车类型等级信息，确保车辆性能达到《规定》相关技术要求。对不符合《规定》技术要求的车辆，不得配发道路运输证。对挂车配发道路运输证时，还应当查验挂车是否具有有效行驶证件。

二、规范做好道路运输车辆使用技术管理

各地交通运输主管部门要督促道路运输经营者进一步健全完善车辆技术管理制度，加大人员和技术投入，细化管理要求，认

真做好车辆维护修理、检验检测和年度审验等工作。

（一）加强车辆维护修理。要督促道路运输经营者依据汽车生产企业公开的车辆维护技术信息、车辆运行条件及《汽车维护、检测、诊断技术规范》（GB/T 18344）等标准，科学合理确定维护项目和维护周期，严格落实车辆日常维护、一级维护和二级维护。具备二级维护项目及竣工检验所需设施设备等能力的道路运输经营者，可对自有车辆进行二级维护；不具备能力的，应当委托二类以上汽车维修经营者开展车辆二级维护；需要进行维修的车辆，应当到具备相应维修条件的企业进行维修，特别是危货车应当到具备危货车维修条件的企业进行维修。

（二）严格车辆检验检测。要督促道路运输经营者严格按照规定的周期和频次，定期开展道路运输车辆检验检测和技术等级评定。客车、危货车的检验检测和技术等级评定应当委托车籍所在地的机动车检验检测机构进行。要用好社会监督等手段，督促机动车检验检测机构及时、准确、完整地将检验检测数据和报告上传到道路运输车辆检验检测信息系统，为经营者网上办理车辆年度审验业务提供支撑。对于不如实开展检验检测的机构，不得采信其出具的检验检测报告，并抄报其主管部门处理。

（三）优化车辆年度审验。要将车辆技术等级情况、客车类型等级情况纳入道路运输车辆年度审验内容，在严格落实机动车检验检测制度的基础上，认真做好在用客车类型等级审验，重点查验客车应急锤、应急窗、乘客门应急控制装置、座位数、汽车安全带等使用过程中存在改变风险的配置参数，确保符合相应类型等级要求。

三、严格道路运输车辆退出管理

各地交通运输主管部门要严格落实机动车强制报废标准规

定，加强道路运输车辆退出管理。对于达到机动车强制报废标准规定的，要督促道路运输经营者及时办理道路运输证注销手续。对于使用报废、擅自改装、拼装、检验检测不合格和其他不符合国家规定的车辆从事道路运输经营活动的，以及道路运输车辆的技术状况未达到《规定》相关技术要求的，要督促经营者及时改正，依法依规处置，并将整改情况纳入道路运输企业质量信誉考核和信用管理。

四、进一步提升道路运输车辆技术管理服务水平

各地交通运输主管部门要加强道路运输车辆达标管理信息化建设，优化实车核查流程，进一步提升道路运输车辆实车核查效率和服务质量。要指导道路货运经营者在全国范围内就近选择取得市场监管部门资质认定证书、具备相应检验检测能力的检验检测机构，进行道路普通货运车辆"异地检测"，无须办理委托手续或证明。要全面推行道路普通货运车辆网上年审"跨省通办"，鼓励道路货运经营者通过互联网道路运输便民政务服务系统，办理车辆年审业务。要依托道路运政管理信息系统，建立健全道路运输车辆管理档案，及时更新档案内容，实现车辆管理档案信息联网共享，为道路运输经营者办理车辆转籍过户变更等业务奠定基础。

五、全力做好《规定》贯彻实施组织工作

各地交通运输主管部门要高度重视，精心组织，统筹做好《规定》贯彻实施组织工作。要结合本地实际，通过线上线下相结合的方式，针对行业管理部门、道路运输经营者、机动车检验检测机构等不同对象，开展多渠道、多形式的宣贯活动，教育引导相关人员全面准确把握《规定》内容和实施要求，依法依规做好车辆技术

管理工作。要综合运用监督检查、信用管理等手段，按照职责权限和法定程序，加强监督检查和督促指导，确保道路运输车辆技术状况良好，为推动道路运输行业安全发展、绿色发展提供坚实保障。

交通运输部办公厅

2023年5月17日

附录3

2022 年版、2023 年版《道路运输车辆技术管理规定》对照表

（交通运输部令 2023 年第 3 号与交通运输部令 2022 年第 29 号对比，增加的内容使用“黑体”标注，删除的内容使用“□”标注。）

交通运输部令 2022 年第 29 号	交通运输部令 2023 年第 3 号
第一章　总则	**第一章　总则**
第一条　为加强道路运输车辆技术管理，保持车辆技术状况良好，保障运输安全，发挥车辆效能，促进节能减排，根据《中华人民共和国安全生产法》《中华人民共和国节约能源法》《中华人民共和国道路运输条例》等法律、行政法规，制定本规定。	第一条　为加强道路运输车辆技术管理，保持车辆技术状况良好，保障运输安全，发挥车辆效能，促进节能减排，根据《中华人民共和国安全生产法》《中华人民共和国节约能源法》《中华人民共和国道路运输条例》等法律、行政法规，制定本规定。
第二条　道路运输车辆技术管理适用本规定。 本规定所称道路运输车辆包括道路旅客运输车辆（以下简称客车）、道路普通货物运输车辆（以下简称货车）、道路危险货物运输车辆（以下简称危货运输车）。 本规定所称道路运输车辆技术管理，是指对道路运输车辆在保证符合规定的技术条件和按要求进行维护、修理、综合性能检测方面所做的技术性管理。	第二条　道路运输车辆技术管理适用本规定。 本规定所称道路运输车辆包括道路旅客运输车辆（以下简称客车）、道路普通货物运输车辆（以下简称货车）、道路危险货物运输车辆（以下简称危货~~运输~~车）。 本规定所称道路运输车辆技术管理，是指对道路运输车辆**达标核查、维护修理、检验检测、年度审验、注销退出等环节进行的全过程**~~在保证符合规定的技术条件和按要求进行维护、修理、综合性能检测方面所做的~~技术性管理。

续上表

交通运输部令 2022 年第 29 号	交通运输部令 2023 年第 3 号
第一章　总则	**第一章　总则**
第三条　道路运输车辆技术管理应当坚持分类管理、预防为主、安全高效、节能环保的原则。	第三条　道路运输车辆技术管理应当坚持分类管理、预防为主、安全高效、节能环保的原则。
第四条　道路运输经营者是道路运输车辆技术管理的责任主体，负责对道路运输车辆实行择优选配、正确使用、周期维护、视情修理、定期检测和适时更新，保证投入道路运输经营的车辆符合技术要求。	第四条　道路运输经营者是道路运输车辆技术管理的责任主体，负责对道路运输车辆实行择优选配、正确使用、周期维护、视情修理、定期**检验**检测和适时更新，保证投入道路运输经营的车辆符合技术要求。
第五条　鼓励道路运输经营者使用安全、节能、环保型车辆，促进标准化车型推广运用，加强科技应用，不断提高车辆的管理水平和技术水平。	第五条　鼓励道路运输经营者使用安全、节能、环保型车辆，促进**智能化、轻量化**、标准化车型推广运用，加强科技应用，不断提高车辆的管理水平和技术水平。
第六条　交通运输部主管全国道路运输车辆技术管理监督。 县级以上地方人民政府交通运输主管部门（以下简称交通运输主管部门）负责本行政区域内道路运输车辆技术管理监督。	第六条　交通运输部主管全国道路运输车辆技术管理**的**监督**工作**。 县级以上地方人民政府交通运输主管部门（以下简称交通运输主管部门）负责本行政区域内道路运输车辆技术管理**的**监督**工作**。
第二章　车辆基本技术条件	**第二章　车辆[基本]技术条件**
第七条　从事道路运输经营的车辆应当符合下列技术要求： （一）车辆的外廓尺寸、轴荷和最大允许总质量应当符合《汽车、挂车及汽车列车外廓尺寸、轴荷及质量限值》（GB 1589）的要求；	第七条　从事道路运输经营的车辆应当符合下列技术要求： （一）车辆的外廓尺寸、轴荷和最大允许总质量应当符合《汽车、挂车及汽车列车外廓尺寸、轴荷及质量限值》（GB 1589）的要求[；]。

续上表

交通运输部令2022年第29号	交通运输部令2023年第3号
第二章　车辆基本技术条件	第二章　车辆基本技术条件
（二）车辆的技术性能应当符合《机动车安全技术检验项目和方法》（GB 38900）的要求； （三）车型的燃料消耗量限值应当符合《营运客车燃料消耗量限值及测量方法》（JT 711）、《营运货车燃料消耗量限值及测量方法》（JT 719）的要求； （四）车辆技术等级应当达到二级以上。危货运输车、国际道路运输车辆、从事高速公路客运以及营运线路长度在800公里以上的客车，技术等级应当达到一级。技术等级评定方法应当符合国家有关道路运输车辆技术等级划分和评定的要求； （五）从事高速公路客运、包车客运、国际道路旅客运输，以及营运线路长度在800公里以上客车的类型等级应当达到中级以上。其类型划分和等级评定应当符合国家有关营运客车类型划分及等级评定的要求； （六）危货运输车应当符合《汽车运输危险货物规则》（JT 617）的要求。	（二）车辆的技术性能应当符合《机动车安全技术检验项目和方法》（GB 38900）**以及依法制定的保障营运车辆安全生产的国家标准或者行业标准**的要求；。 （三）车型的燃料消耗量限值应当符合**依法制定的关于营运车辆燃料消耗限值标准**《营运客车燃料消耗量限值及测量方法》（JT 711）、《营运货车燃料消耗量限值及测量方法》（JT 719）的要求；。 （四）车辆**（挂车除外）**的技术等级应**当符合国家有关道路运输车辆技术等级评定的要求**，达到二级以上。危货运输车、国际道路运输车辆、从事**一类和二类客运班线、包车客运**高速公路客运以及营运线路长度在800公里以上的客车，技术等级应当达到一级。技术等级评定方法应当符合国家有关道路运输车辆技术等级划分和评定的要求； （五）**客车的类型等级应当符合国家有关营运客车类型等级评定的要求，达**

续上表

交通运输部令2022年第29号	交通运输部令2023年第3号
第二章　车辆基本技术条件	第二章　车辆基本技术条件
	到普通级以上。从事一类和二类客运班线高速公路客运、包车客运、国际道路旅客运输，以及营运线路长度在800公里以上**的客车的类型等级应当达到中级以上。**其类型划分和等级评定应当符合国家有关营运客车类型划分及等级评定的要求； （六）危货运输车应当符合《汽车运输危险货物规则》（JT 617）的要求。
第八条　交通运输主管部门应当加强从事道路运输经营车辆的管理，对不符合本规定的车辆不得配发道路运输证。 在对挂车配发道路运输证和年度审验时，应当查验挂车是否具有有效行驶证件。	第八条　交通运输主管部门应当加强从事道路运输经营车辆的**达标**管理，**按照国家有关规定，组织对申请从事道路运输经营的车辆开展实车核查，如实记录核查情况，填写道路运输达标车辆核查记录表**，对不符合本规定的车辆不得配发道路运输证。 在对挂车配发道路运输证和年度审验时，应当查验挂车是否具有有效行驶证件。
第九条　禁止使用报废、擅自改装、拼装、检测不合格以及其他不符合国家规定的车辆从事道路运输经营活动。	第九条　禁止使用报废、擅自改装、拼装、**检验**检测不合格以及其他不符合国家规定的车辆从事道路运输经营活动。
	第十条　**道路运输经营者应当按照国家有关机动车强制报废标准规定，对达到报废标准的道路运输车辆及时办理道路运输证注销手续。**

续上表

交通运输部令 2022 年第 29 号	交通运输部令 2023 年第 3 号
第三章　技术管理的一般要求	第三章　车辆使用的技术管理[的一般要求] 第一节　基本要求
第十条　道路运输经营者应当遵守有关法律法规、标准和规范，认真履行车辆技术管理的主体责任，建立健全管理制度，加强车辆技术管理。	第[十]十一条　道路运输经营者应当遵守有关法律法规、标准和规范，认真履行车辆技术管理的主体责任，建立健全管理制度，加强车辆技术管理。
第十一条　鼓励道路运输经营者设置相应的部门负责车辆技术管理工作，并根据车辆数量和经营类别配备车辆技术管理人员，对车辆实施有效的技术管理。	第[十一]十二条　鼓励道路运输经营者设置相应的部门负责车辆技术管理工作，并根据车辆数量和经营类别配备车辆技术管理人员，对车辆实施有效的技术管理。
第十二条　道路运输经营者应当加强车辆维护、使用、安全和节能等方面的业务培训，提升从业人员的业务素质和技能，确保车辆处于良好的技术状况。	第[十二]十三条　道路运输经营者应当加强车辆维护、使用、安全和节能等方面的业务培训，提升从业人员的业务素质和技能，确保车辆处于良好的技术状况。
第十三条　道路运输经营者应当根据有关道路运输企业车辆技术管理标准，结合车辆技术状况和运行条件，正确使用车辆。 鼓励道路运输经营者依据相关标准要求，制定车辆使用技术管理规范，科学设置车辆经济、技术定额指标并定期考核，提升车辆技术管理水平。	第[十三]十四条　道路运输经营者应当根据有关道路运输企业车辆技术管理标准，结合车辆技术状况和运行条件，正确使用车辆。 鼓励道路运输经营者依据相关标准要求，制定车辆使用技术管理规范，科学设置车辆经济、技术定额指标并定期考核，提升车辆技术管理水平。
第十四条　道路运输经营者应当建立车辆技术档案制度，实行一车一档。档案内容应当主要包括：车辆基本信息，	第[十四]十五条　道路运输经营者应当建立车辆技术档案[制度]，实行一车

续上表

交通运输部令 2022 年第 29 号	交通运输部令 2023 年第 3 号
第三章　技术管理的一般要求	**第三章　车辆使用的技术管理的一般要求** **第一节　基本要求**
车辆技术等级评定、客车类型等级评定或者年度类型等级评定复核、车辆维护和修理（含《机动车维修竣工出厂合格证》）、车辆主要零部件更换、车辆变更、行驶里程、对车辆造成损伤的交通事故等记录。档案内容应当准确、详实。 车辆所有权转移、转籍时，车辆技术档案应当随车移交。 道路运输经营者应当运用信息化技术做好道路运输车辆技术档案管理工作。	一档。档案内容应当主要包括：车辆基本信息，**机动车检验检测报告**（含车辆技术等级评定、），**道路运输达标车辆核查记录表**，客车类型等级**审验**评定或者年度类型等级评定复核、车辆维护和修理（含《机动车维修竣工出厂合格证》）、车辆主要零部件更换、车辆变更、行驶里程、对车辆造成损伤的交通事故等记录。档案内容应当准确、详实。 车辆所有权转移**所有权或车籍地**、转籍时，车辆技术档案应当随车移交。 道路运输经营者应当运用信息化技术做好道路运输车辆技术档案管理工作。
第四章　车辆维护与修理	**第四章　车辆维护与修理** **第二节　维护与修理**
第十五条　道路运输经营者应当建立车辆维护制度。 车辆维护分为日常维护、一级维护和二级维护。日常维护由驾驶员实施，一级维护和二级维护由道路运输经营者组织实施，并做好记录。	**第十五十六条**　道路运输经营者应当建立车辆维护制度。 车辆维护分为日常维护、一级维护和二级维护。日常维护由驾驶员实施，一级维护和二级维护由道路运输经营者组织实施，并做好记录。

续上表

交通运输部令 2022 年第 29 号	交通运输部令 2023 年第 3 号
第四章　车辆维护与修理	**第四章　车辆维护与修理** **第二节　维护与修理**
第十六条　道路运输经营者应当依据国家有关标准和车辆维修手册、使用说明书等，结合车辆类别、车辆运行状况、行驶里程、道路条件、使用年限等因素，自行确定车辆维护周期，确保车辆正常维护。 车辆维护作业项目应当按照国家关于汽车维护的技术规范要求确定。 道路运输经营者可以对自有车辆进行二级维护作业，保证投入运营的车辆符合技术管理要求，无需进行二级维护竣工质量检测。 道路运输经营者不具备二级维护作业能力的，可以委托二类以上机动车维修经营者进行二级维护作业。机动车维修经营者完成二级维护作业后，应当向委托方出具二级维护出厂合格证。	**第十六十七条**　道路运输经营者应当依据国家有关标准和车辆维修手册、使用说明书等，结合车辆类别、车辆运行状况、行驶里程、道路条件、使用年限等因素，自行确定车辆维护周期，确保车辆正常维护。 车辆维护作业项目应当按照国家关于汽车维护的技术规范要求**和汽车生产企业公开的车辆维护技术信息**确定。 道路运输经营者**具备二级维护作业能力的，**可以对自有车辆进行二级维护作业，保证投入运营的车辆符合技术管理要求，无需进行二级维护竣工质量检测。 道路运输经营者不具备二级维护作业能力的，可以**应当**委托二类以上机动车维修经营者进行二级维护作业。机动车维修经营者完成二级维护作业后，应当向委托方出具**机动车维修竣工**二级维护出厂合格证。
第十七条　道路运输经营者应当遵循视情修理的原则，根据实际情况对车辆进行及时修理。	**第十七十八条**　道路运输经营者应当遵循视情修理、**保障安全**的原则，根据实际情况对车辆进行及时修理。
第十八条　道路运输经营者用于运输剧毒化学品、爆炸品的专用车辆及罐式专用车辆（含罐式挂车），应当到具备道	**第十八十九条**　道路运输经营者用于运输剧毒化学品、爆炸品的专用车辆及罐式专用车辆（含罐式挂车），应当到

续上表

交通运输部令 2022 年第 29 号	交通运输部令 2023 年第 3 号
第四章　车辆维护与修理	**第四章　车辆维护与修理** **第二节　维护与修理**
路危险货物运输车辆维修条件的企业进行维修。 前款规定专用车辆的牵引车和其他运输危险货物的车辆由道路运输经营者消除危险货物的危害后，可以到具备一般车辆维修条件的企业进行维修。	具备道路危险货物运输车辆维修条件的企业进行维修。 前款规定专用车辆的牵引车和其他运输危险货物的车辆由道路运输经营者消除危险货物的危害后，可以到具备一般车辆维修条件的企业进行维修。
第五章　车辆检测管理	**第五章　车辆检测管理** **第三节　检验检测**
第十九条　道路运输经营者应当定期到机动车综合性能检测机构，对道路运输车辆进行综合性能检测。	第十九二十条　道路运输经营者应当定期到**取得市场监督管理部门资质认定证书、具备相应检验检测能力的机动车检验**机动车综合性能检测机构，对道路运输车辆进行**检验检测和技术等级评定**综合性能检测。
第二十条　道路运输经营者应当自道路运输车辆首次取得道路运输证当月起，按照下列周期和频次，委托汽车综合性能检测机构进行综合性能检测和技术等级评定： （一）客车、危货运输车自首次经国家机动车辆注册登记主管部门登记注册不满 60 个月的，每 12 个月进行 1 次检测和评定；超过 60 个月的，每 6 个月进行 1 次检测和评定。	第二十二十一条　道路运输经营者应当自道路运输车辆首次取得道路运输证当月起，按照下列周期和频次，委托汽车综合性能检测机构进行综合性能**检验**检测和技术等级评定：。 （一）客车、危货运输车自首次经国家机动车辆注册登记主管部门登记注册**登记**不满 60 个月的，每 12 个月进

续上表

交通运输部令 2022 年第 29 号	交通运输部令 2023 年第 3 号
第五章　车辆检测管理	**第五章　车辆检测管理** **第三节　检验检测**
	行 1 次**检验**检测和**技术等级**评定；超过 60 个月的，每 6 个月进行 1 次**检验**检测和**技术等级**评定。
（二）其它运输车辆自首次经国家机动车辆注册登记主管部门登记注册的，每 12 个月进行 1 次检测和评定。	（二）其它**他道路**运输车辆自首次经国家机动车辆注册登记主管部门登记注册**登记不满 120 个月**的，每 12 个月进行 1 次**检验**检测和**技术等级**评定；**超过 120 个月的，每 6 个月进行 1 次检验检测和技术等级评定。**
第二十一条　客车、危货运输车的综合性能检测应当委托车籍所在地汽车综合性能检测机构进行。 货车的综合性能检测可以委托运输驻在地汽车综合性能检测机构进行。	第二十一二十二条　客车、危货运输车的综合性能**检验**检测**和技术等级评定**应当委托车籍所在地**的机动车检验**汽车综合性能检测机构进行。 货车的**检验**综合性能检测**和技术等级评定可以在全国范围内自主选择机动车检验**委托运输驻在地汽车综合性能检测机构进行。
第二十二条　道路运输经营者应当选择通过市场监督管理部门的计量认证、取得计量认证证书并符合《汽车综合性能检测站能力的通用要求》（GB 17993）等国家相关标准的检测机构进行车辆的综合性能检测。	第二十二条　道路运输经营者应当选择通过市场监督管理部门的计量认证、取得计量认证证书并符合《汽车综合性能检测站能力的通用要求》（GB 17993）等国家相关标准的检测机构进行车辆的综合性能检测。

续上表

交通运输部令 2022 年第 29 号	交通运输部令 2023 年第 3 号
第五章　车辆检测管理	**第五章　车辆检测管理** **第三节　检验检测**
第二十三条　汽车综合性能检测机构对新进入道路运输市场车辆应当按照《道路运输车辆燃料消耗量达标车型表》进行比对。对达标的新车和在用车辆，应当按照《机动车安全技术检验项目和方法》（GB 38900）实施检测和评定，出具全国统一式样的道路运输车辆综合性能检测报告，评定车辆技术等级，并在报告单上标注。车籍所在地交通运输主管部门应当将车辆技术等级在道路运输证上标明。 汽车综合性能检测机构应当确保检测和评定结果客观、公正、准确，对检测和评定结果承担法律责任。	**第二十三条**　汽车综合性能检测机构对新进入道路运输市场车辆应当按照《道路运输车辆燃料消耗量达标车型表》进行比对。对达标的新车和在用车辆，**从事道路运输车辆检验检测业务的机动车检验检测机构**应当按照《机动车安全技术检验项目和方法》（GB 38900）实施**检验**检测和评定，出具全国统一式样的道路运输车辆综合性能**机动车检验**检测报告，评定车辆技术等级，并在报告**中备注车辆技术等级**单上标注。 车籍所在地交通运输主管部门应当将车辆技术等级在道路运输证上标明。**道路运输车辆取得网上年度审验凭证的，本年度可免于在道路运输证上标明车辆技术等级。** **从事道路运输车辆检验检测业务的机动车检验**汽车综合性能检测机构应当确保**检验**检测和**技术等级**评定结果客观、公正、准确，**并**对**检验**检测和**技术等级**评定结果承担法律责任。

续上表

交通运输部令2022年第29号	交通运输部令2023年第3号
第五章　车辆检测管理	第五章　车辆检测管理 第三节　检验检测
第二十四条　交通运输主管部门和受其委托承担客车类型等级评定工作的汽车综合性能检测机构，应当按照《营运客车类型划分及等级评定》（JT/T 325）进行营运客车类型等级评定或者年度类型等级评定复核，出具统一式样的客车类型等级评定报告。	第二十四条　交通运输主管部门和受其委托承担客车类型等级评定工作的汽车综合性能检测机构，应当按照《营运客车类型划分及等级评定》（JT/T 325）进行营运客车类型等级评定或者年度类型等级评定复核，出具统一式样的客车类型等级评定报告。
	第二十四条　**从事道路运输车辆检验检测业务的机动车　检验检测机构应当及时、准确、完整上传检验检测数据和检验检测报告。**
第二十五条　汽车综合性能检测机构应当建立车辆检测档案，档案内容主要包括：车辆综合性能检测报告（含车辆基本信息、车辆技术等级）、客车类型等级评定记录。 车辆检测档案保存期不少于两年。	**第二十五条**　汽车综合性能**从事道路运输车辆检验检测业务的机动车检验**检测机构应当建立车辆**检验**检测档案，档案内容主要包括：**车辆基本信息、机动车检验检测报告（含车辆技术等级）。**车辆综合性能检测报告（含车辆基本信息、车辆技术等级）、客车类型等级评定记录。 车辆检测档案保存期不少于两年。

续上表

交通运输部令2022年第29号	交通运输部令2023年第3号
第六章　监督检查	第六四章　监督检查
第二十六条　交通运输主管部门应当按照职责权限对道路运输车辆的技术管理进行监督检查。 道路运输经营者应当对交通运输主管部门的监督检查予以配合，如实反映情况，提供有关资料。	第二十六条　交通运输主管部门应当按照职责权限**和法定程序**对道路运输车辆的技术管理进行监督检查。 **相关单位和个人应当积极配合**道路运输经营者应当对交通运输主管部门的监督检查予以配合，如实反映情况，提供有关资料。
第二十七条　交通运输主管部门应当将车辆技术状况纳入道路运输车辆年度审验内容，查验以下相应证明材料： （一）车辆技术等级评定结论； （二）客车类型等级评定证明。	第二十七条　交通运输主管部门应当将车辆技术**等级情况、客车类型等级情况**状况纳入道路运输车辆年度审验内容。，查验以下相应证明材料： （一）车辆技术等级评定结论； （二）客车类型等级评定证明。
	第二十八条　**从事道路运输车辆检验检测业务的机动车检验检测机构有下列行为之一的，交通运输主管部门不予采信其出具的检验检测报告，并抄报同级市场监督管理部门处理。** **（一）不按技术标准、规范对道路运输车辆进行检验检测的；** **（二）未经检验检测出具道路运输车辆检验检测结果的；** **（三）不如实出具道路运输车辆检验检测结果的。**

续上表

交通运输部令 2022 年第 29 号	交通运输部令 2023 年第 3 号
第六章　监督检查	**第[六]四章　监督检查**
	从事道路运输车辆检验检测业务的机动车检验检测机构未及时、准确、完整上传检验检测数据和检验检测报告的，交通运输主管部门可以将相关情况定期向社会公布。
第二十八条　交通运输主管部门应当建立车辆管理档案制度。档案内容主要包括：车辆基本情况，车辆技术等级评定、客车类型等级评定或年度类型等级评定复核、车辆变更等记录。	**第[二十八]二十九条**　交通运输主管部门应当**依托道路运政管理信息系统**建立车辆管理档案[制度]**，及时更新档案内容，实现全国道路运输车辆管理档案信息共享。** 档案内容主要包括：车辆基本[情况]**信息，道路运输达标车辆核查记录表，机动车检验检测报告（含车辆技术等级），客车类型等级审验**[车辆技术等级评定、客车类型等级评定或年度类型等级评定复核]、车辆变更等记录。
第二十九条　交通运输主管部门应当将运输车辆的技术管理情况纳入道路运输企业质量信誉考核和诚信管理体系。	**第[二十九]三十条**　**道路运输经营者使用报废、擅自改装、拼装、检验检测不合格和其他不符合国家规定的车辆从事道路运输经营活动的，或者道路运输车辆的技术状况未达到第七条规定的有关标准要求的，交通运输主管部门应当责令改正。** 交通运输主管部门应当将**对道路运输**

续上表

交通运输部令 2022 年第 29 号	交通运输部令 2023 年第 3 号
第六章　监督检查	**第六四章　监督检查**
	车辆的技术管理**的监督检查和执行**情况纳入道路运输企业质量信誉考核和诚信**信用管理**体系。
第三十条　交通运输主管部门应当积极推广使用现代信息技术，逐步实现道路运输车辆技术管理信息资源共享。	**第三十条**　交通运输主管部门应当积极推广使用现代信息技术，逐步实现道路运输车辆技术管理信息资源共享。
第七章　法律责任	**第七五章　法律责任**
第三十一条　违反本规定，道路运输经营者有下列行为之一的，交通运输主管部门应当责令改正，给予警告；情节严重的，处以 1000 元以上 5000 元以下罚款： （一）道路运输车辆技术状况未达到《机动车安全技术检验项目和方法》（GB 38900）的； （二）使用报废、擅自改装、拼装、检测不合格以及其他不符合国家规定的车辆从事道路运输经营活动的； （三）未按照规定的周期和频次进行车辆综合性能检测和技术等级评定的。	**第三十一条**　违反本规定，道路运输经营者**未按照规定的周期和频次进行车辆检验检测或者未按规定维护道路运输车辆**有下列行为之一的，交通运输主管部门应当责令改正，给予警告；情节严重的，处以 1000 元以上 5000 元以下罚款。： （一）道路运输车辆技术状况未达到《机动车安全技术检验项目和方法》（GB 38900）的； （二）使用报废、擅自改装、拼装、检测不合格以及其他不符合国家规定的车辆从事道路运输经营活动的； （三）未按照规定的周期和频次进行车辆综合性能检测和技术等级评定的。

续上表

交通运输部令 2022 年第 29 号	交通运输部令 2023 年第 3 号
第七章　法律责任	**第七五章　法律责任**
第三十二条　违反本规定，道路运输车辆综合性能检测机构有下列行为之一的，交通运输主管部门不予采信其检测报告，并抄报同级市场监督管理部门处理。 （一）不按技术规范对道路运输车辆进行检测的； （二）未经检测出具道路运输车辆检测结果的； （三）不如实出具检测结果的。	第三十二条　违反本规定，道路运输车辆综合性能检测机构有下列行为之一的，交通运输主管部门不予采信其检测报告，并抄报同级市场监督管理部门处理。 （一）不按技术规范对道路运输车辆进行检测的； （二）未经检测出具道路运输车辆检测结果的； （三）不如实出具检测结果的。
第三十三条　交通运输主管部门工作人员在监督管理工作中滥用职权、玩忽职守、徇私舞弊的，依法给予行政处分；构成犯罪的，由司法机关依法处理。	第三十三三十二条　交通运输主管部门工作人员在监督管理工作中滥用职权、玩忽职守、徇私舞弊的，依法给予行政处分；构成犯罪的，由司法机关依法处理。
第八章　附则	**第八六章　附则**
第三十四条　从事普通货运经营的总质量 4500 千克及以下普通货运车辆，不适用本规定。	第三十四三十三条　从事普通货运经营的总质量 4500 千克及以下普通货运车辆，不适用本规定。
第三十五条　本规定自 2016 年 3 月 1 日起施行。原交通部发布的《汽车运输业车辆技术管理规定》（交通部令 1990 年第 13 号）、《道路运输车辆维护管理规	第三十五三十四条　本规定自 2023 2016 年 6 3 月 1 1 日起施行。**2016 年 1 月 22 日以交通运输部令 2016 年第 1 号**

续上表

交通运输部令2022年第29号	交通运输部令2023年第3号
第八章　附则	第八六章　附则
定》(交通部令2001年第4号)同时废止。	公布的《道路运输车辆技术管理规定》、2019年6月21日以交通运输部令2019年第19号公布的《关于修改〈道路运输车辆技术管理规定〉的决定》、2022年9月26日以交通运输部令2022年第29号公布的《关于修改〈道路运输车辆技术管理规定〉的决定》原交通部发布的《汽车运输业车辆技术管理规定》(交通部令1990年第13号)、《道路运输车辆维护管理规定》(交通部令2001年第4号)同时废止。

附录4

交通运输部办公厅关于优化道路运输车辆技术管理　便利开展车辆技术等级评定工作的通知

（交办运〔2020〕67号）

各省、自治区、直辖市、新疆生产建设兵团交通运输厅（局、委）：

为深入贯彻落实国务院常务会议关于推进道路货运车辆“三检合一”（安全技术检验、综合性能检测和排放检验）有关决策部署，推动落实国家标准《机动车安全技术检验项目和方法》（GB 38900—2020，以下简称GB 38900标准），进一步优化道路运输车辆技术管理，便利开展车辆检验检测和技术等级评定工作，经交通运输部同意，现就有关事项通知如下：

一、提高思想认识，持续深化改革

推进道路货运车辆“三检合一”是贯彻落实党中央、国务院关于深化“放管服”改革、推进物流降本增效决策部署的重要举措，对于减轻道路运输经营者负担、优化道路运输营商环境具有重要意义。GB 38900标准是保障“三检合一”政策落地实施的重要支撑，将于2021年1月1日起正式实施，《道路运输车辆综合性能要求和检验方法》（GB 18565—2016）将同时废止。加快优化调整现有道路运输车辆检验检测、技术等级评定要求，完善道路运输车辆技术管理制度体系，是落实党中央、国务院决策部署的必然要求。各级交通运输主管部门要切实提高政治站位，在“两检合一”工作基础上，会同有关部门加快推进货运车辆“三检合一”改革任务落实，认真抓好GB 38900标准的贯彻执行，严格按照相关部署要求组织开展道路运输车辆检验检测和技术等级评定，切实减轻经营者负担，不断增强人民群众的获得感、幸福感和安全感。

二、强化政策衔接，确保平稳过渡

各地交通运输主管部门要结合 GB 38900 标准的实施，引导道路运输经营者委托取得市场监管部门颁发资质认定证书并与交通运输主管部门联网的机动车检验检测机构，严格按照 GB 38900 标准的有关规定，对从事道路运输经营的客、货运输车辆进行检验检测，出具 GB 38900 标准附录 G 式样规定的《机动车安全技术检验报告》，并在报告“备注”栏签注车辆技术等级。检验检测结果符合 GB 38900 标准的，车辆技术等级定为二级；在此基础上，方向盘最大自由转动量、轮胎花纹深度、空载制动不平衡率、车身对称部位高度差等 4 项指标满足《道路运输车辆技术等级（一级）评定要求》（见附件）规定要求的，车辆技术等级定为一级。道路运输车辆技术等级评定周期与机动车安全技术检验周期保持一致。

三、强化技术支撑，优化检测服务

各地交通运输主管部门要会同有关部门引导机动车检验检测机构加快技术改造升级，接入道路运输车辆综合性能检测联网系统，不得阻碍或变相阻碍取得市场监管部门颁发相关资质认定证书的机动车检验检测机构接入系统。要按照 GB 38900 标准第 7 章规定，以及《道路运输车辆综合性能检测联网技术要求（暂行）》（以下简称《联网技术要求》）规定的格式和要求，将道路运输车辆的检验检测数据及《机动车安全技术检验报告》上传至道路运输车辆综合性能检测联网系统，为道路运输车辆网上年审提供支撑。要进一步强化服务意识，优化道路运输车辆检验检测程序，切实落实“交钥匙工程”，积极推广预约检测服务和自助打印检测报告等便民服务举措，提高业务办理效率，减少车主等候时间，改进车主服务体验。要按照国家有关规定明示相关项目收费标准，不得增加或者变相增加额外收费项目。

四、加快系统升级，保障联网需求

为更好满足道路运输车辆检验检测数据上传需要，部将组织对《联网技术要求》进行修订。各省级交通运输主管部门要按照修订的《联网技术要求》，加快组织做好本省份道路运输车辆综合性能检测联网系统升级改造工作，确保2021年4月1日前完成本省份系统的升级改造，系统升级改造相关技术要求可与部级平台技术支持单位中国交通通信信息中心联系咨询。系统升级改造期间，要继续按照现有技术要求上传数据和报告，不得影响道路运输车辆年审等业务开展。

五、强化动态管理，压实各方责任

各级交通运输主管部门要积极会同有关部门加强道路运输车辆检验检测和技术等级评定工作的监督管理，按照“谁出报告谁负责”的原则，严格落实机动车检验检测机构的主体责任。对未严格按照GB 38900标准开展检验检测和车辆技术等级评定的，在一定期限内不得采信其检验检测报告，并将相关情况及时抄送市场监管部门依法处理。要指导道路运输经营者加强车辆技术档案管理，将《机动车安全技术检验报告》纳入车辆技术档案，鼓励车辆技术档案电子化，为加强道路运输车辆技术管理事中事后监管提供支撑。

六、加强组织实施,维护市场秩序

各级交通运输主管部门要切实加强道路运输车辆检验检测和技术等级评定工作的组织领导,加强与公安、市场监管等部门的协同配合,及时跟踪和协调解决实施过程中遇到的问题,做到秩序不乱、工作不断,确保行业稳定。要加强道路运输车辆技术管理制度改革的宣传解读,畅通群众投诉渠道,对于指定或变相指定车辆到特定检验检测机构开展业务或其他破坏市场公平竞争秩序的行为,依法严肃处理。对于有关人员违反纪律、滥用职权的行为,要依法依规追究责任,确保改革政策落地见效,切实维护道路运输市场秩序。今年2月,部印发《关于做好疫情期间道路运输车辆技术保障工作的通知》(交运明电〔2020〕59号),明确“对道路运输车辆年审采取临时延期措施”,各地交通运输主管部门要在做好常态化疫情防控前提下,有序恢复道路运输车辆年审工作。

部运输服务司联系电话:010-65293488;中国交通通信信息中心联系电话:010-65299585。

附件:道路运输车辆技术等级(一级)评定要求

交通运输部办公厅
2020年12月14日

附件

道路运输车辆技术等级(一级)评定要求

序号	评定项目	技术等级(一级)要求
1	转向盘最大自由转动量(°)	最高设计车速大于或等于100km/h的车辆不大于10°,其他车辆不大于20°
2	轮胎花纹深度(mm)	乘用车轮胎胎冠花纹深度不小于2.5mm;其他车型的转向轮的胎冠花纹深度不小于3.8mm,其余轮胎花纹深度应不小于2.5mm
3	空载制动不平衡率(%)	前轴制动不平衡率≤20%,后轴制动不平衡率≤24%(当后轴制动力小于后轴轴荷的60%时,制动不平衡率≤后轴轴荷的8%)。 (注:前轴、后轴判定依据参照GB 38900及GB 7258规定)
4	车身对称部位高度差(mm)	车体外缘左右对称部位高度差应小于或等于20mm
说明:以上4项技术等级评定项目均为GB 38900、JT/T 198标准规定的内容。对于检验检测结果符合GB 38900标准技术要求的车辆,4项技术等级评定项目全部达到本表要求的,车辆技术等级评为一级		

附录5

道路普通货物运输车辆网上年度审验工作规范

(交办运〔2022〕18号)

第一条 为规范道路普通货物运输车辆(以下简称普通货运车辆)网上年度审验(以下简称网上年审)业务办理工作,根据《道路运输车辆技术管理规定》《道路货物运输及站场管理规定》《道路运输车辆动态监督管理办法》及相关规定,制定本规范。

第二条 本规范适用于普通货运车辆(不含总质量4.5吨及以下从事道路普通货运经营的普通货运车辆)网上年审工作。

第三条 网上年审应坚持依法依规、便民利民、程序公开、服务高效的原则。网上年审与原有车籍所在地窗口年审效力等同。鼓励道路货物运输经营者通过网上办理普通货运车辆年审。

第四条 网上年审不改变普通货运车辆审验机关、审验内容与责任主体。

开展道路运输车辆检验检测业务的机构对所出具的道路运输车辆检验检测报告、车辆技术等级评定结论负责,审验机关对审验结果负责。

第五条 车籍所在地交通运输主管部门为车辆网上年审的审验机关,审验内容如下:

(一)对于总质量4.5吨(不含)以上、12吨(不含)以下普通货运车辆,审验内容为车辆技术等级评定情况、车辆结构及尺寸变动情况、车辆违章记录情况。

(二)对于总质量12吨及以上普通货运车辆、半挂牵引车,审验内容为车辆技术等级评定情况、车辆结构及尺寸变动情况、按规定使用符合标准的具有行驶记录功能的卫星定位装置并接入全国道路货运车辆公共监管与服务平台情况、车辆违章记录情况。

（三）对于挂车，审验内容为行驶证是否在检验有效期内。

第六条 道路货物运输经营者可通过全国互联网道路运输便民政务服务系统办理普通货运车辆网上年审业务。

道路货物运输经营者在非车籍所在地窗口办理网上年审业务的，窗口办事人员应协助办理。

第七条 道路货物运输经营者按照本规范第五条要求提交相应车辆年审材料，相关材料由全国互联网道路运输便民政务服务系统共享给车籍所在地道路运政管理信息系统。

总质量12吨及以上普通货运车辆、半挂牵引车按规定使用符合标准的具有行驶记录功能的卫星定位装置并接入全国道路货运车辆公共监管与服务平台情况，车辆技术等级评定情况等能够自动归集的信息，无需重复提交。

道路货物运输经营者对所提交材料的真实性、有效性与合法性负责。

第八条 鼓励开展道路运输车辆检验检测业务的机构协助道路货物运输经营者办理网上年审。

第九条 审验机关收到网上年审材料起3个工作日内，通过本省道路运政管理信息系统对车辆年审材料完成审验。

车辆结构及尺寸变动情况、车辆技术等级评定情况以车籍所在地省级道路运输车辆检验检测信息系统共享给道路运政管理信息系统的车辆技术等级评定结论为依据。

总质量12吨及以上普通货运车辆、半挂牵引车使用符合标准的具有行驶记录功能的卫星定位装置并接入全国道路货运车辆公共监管与服务平台情况，以全国道路货运车辆公共监管与服务平台共享给全国互联网道路运输便民政务服务系统的数据信息为依据。

车辆违章记录情况以车籍所在地道路运政管理信息系统和交通综合执法系统的记录为依据。

第十条　对于道路运输经营者逾期办理网上年审业务的，审验机关本着便利道路货物运输经营者的原则遵照有关规定执行。

第十一条　审验机关通过全国互联网道路运输便民政务服务系统告知道路货物运输经营者年审结果，也可通过短信推送方式告知。

审验符合要求的，道路货物运输经营者可通过全国互联网道路运输便民政务服务系统下载《普通货运车辆网上年审凭证》(参考样式见附件 1)并留存。电子印章(参考样式见附件 1)标注在《普通货运车辆网上年审凭证》上，由审验机关加盖。

审验不符合要求的，审验机关应将不符合审验要求的具体事项告知道路货物运输经营者。道路货物运输经营者可通过全国互联网道路运输便民政务服务系统补充提交车辆年审材料。

第十二条　鼓励具备条件的省份优化审验程序，通过信息化手段实现车辆年审材料的自动判断和审验结果的自动告知。

第十三条　交通运输主管部门可通过扫描《普通货运车辆网上年审凭证》中的二维码对车辆年审情况进行核查，道路货物运输经营者或者驾驶员出示《普通货运车辆网上年审凭证》予以配合。

交通运输主管部门可通过全国互联网道路运输便民政务服务系统查验车辆年审结果。

第十四条　车籍所在地省份已开通网上年审服务系统的也可通过本省系统办理。

第十五条 本规范由交通运输部运输服务司负责解释。

第十六条 本规范自2022年5月1日起施行。

附件:1. 普通货运车辆网上年审凭证

2. 普通货运车辆网上年审流程

附件 1

普通货运车辆网上年审凭证

年审凭证编号：

车辆号牌：

车辆识别代号/VIN：

道路运输证号：

技术等级评定结论：

审验有效期至　　年　　月

二维码

交通运输服务监督电话:12328

附件 2

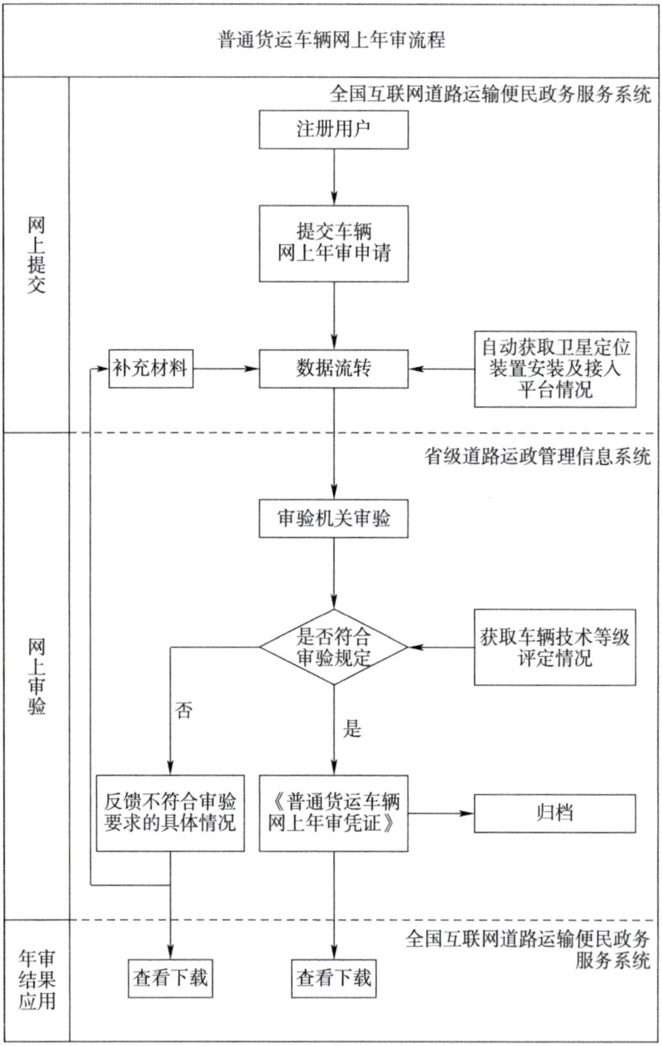
普通货运车辆网上年审流程
全国互联网道路运输便民政务服务系统
网上提交
注册用户
提交车辆网上年审申请
补充材料
数据流转
自动获取卫星定位装置安装及接入平台情况
省级道路运政管理信息系统
网上审验
审验机关审验
是否符合审验规定
获取车辆技术等级评定情况
否
是
反馈不符合审验要求的具体情况
《普通货运车辆网上年审凭证》
归档
全国互联网道路运输便民政务服务系统
年审结果应用
查看下载
查看下载